ज़ज्बात अल्फाजों में

ज़ज्बात अल्फाजों में

अनुभव मिश्रा

Made with ♥ on the Notion Press Platform
www.notionpress.com

उन सभी एहसासों के नाम,
जो कभी शब्दों की तलाश में रहे।

उन ख़ामोश लम्हों के नाम,
जो दिल में रहकर भी कहे न जा सके।

और उन लोगों के नाम,
जिनकी मौजूदगी ने इन जज़्बातों को अल्फ़ाज़ दिए।

~

– अनुभव मिश्रा

क्रम-सूची

क्रम-सूची

क्रम-सूची

क्रम-सूची

क्रम-सूची

क्रम-सूची

प्रस्तावना

मनुष्य का मन भावनाओं का अथाह सागर है। जीवन की यात्रा में कभी यही भावनाएँ मुस्कान बन कर चेहरे पर खिल उठती हैं, तो कभी मौन पीड़ा बन कर आँखों से बह जाती हैं। मैंने अपने जीवन के लंबे अनुभव में यह जाना है कि हर भावना शब्द नहीं बन पाती, पर जब बन जाए तो वह दिल से दिल तक पहुँचती है। "जज़्बात अल्फ़ाज़ों में" ऐसी ही अनकही भावनाओं को शब्दों का सलीके से ओढ़ाया गया एक सुंदर प्रयास है।

इस काव्य-संग्रह को पढ़ते हुए मुझे केवल कविताएँ नहीं मिलीं, बल्कि एक संवेदनशील मन की धड़कनें सुनाई दीं। यहाँ तुकों की सजावट से अधिक जीवन की सच्चाई है–वे रास्ते हैं जिनसे हम सभी कभी न कभी गुजरते हैं। यह पुस्तक पन्नों का मात्र संकलन नहीं, बल्कि एक कोमल हृदय का आईना है, जिसमें उसके उतार-चढ़ाव साफ झलकते हैं।

इस संग्रह में जीवन के अनेक रंग समाए हुए हैं–

" प्रेम " - जो निस्वार्थता और सादगी से महकता है।

" जीवन " - जहाँ संघर्ष भी है और छोटी-छोटी खुशियों का गहरा मूल्य भी।

" प्रेरणा " - जो गिरकर फिर उठने का हौसला और आगे बढ़ने का साहस देती है।

मेरा विश्वास है कि कविता केवल लिखने वाले की नहीं होती। वह हर उस व्यक्ति की हो जाती है जो उसे पढ़ते हुए अपनी ही कहानी उन पंक्तियों में देख ले।

यदि इस पुस्तक की कोई एक पंक्ति भी किसी के मन को छू जाए, या जीवन के किसी कठिन क्षण में उसे संबल दे सके, तो समझिए इसका उद्‌देश्य पूरा हुआ।

मुझे गर्व है कि मेरे परिवार में ऐसी संवेदनशील सोच और सृजनशीलता ने जन्म लिया। उन सभी लोगों को मेरा आशीर्वाद और धन्यवाद, जिन्होंने इस लेखन-यात्रा में विश्वास और प्रोत्साहन दिया।

ईश्वर करे कि "जज़्बात अल्फ़ाज़ों में" पाठकों के एकांत की सच्ची साथी बने और उनके मन को उतना ही सुकून दे, जितना सुकून इसे लिखते समय इसके रचयिता ने पाया होगा।

– स्नेह सहित
कमलेश दीक्षित जी
सेवानिवृत्त सरकारी शिक्षक
हरदोई, उत्तर प्रदेश

भूमिका

जज़्बात अल्फ़ाज़ों में
लेखक: अनुभव मिश्रा

भावनाएँ जब मन की देहरी पर दस्तक देती हैं, तो शब्द स्वयं रास्ता खोज लेते हैं। जज़्बात अल्फ़ाज़ों में उन्हीं अनकहे एहसासों की एक सौम्य, सरस और आत्मिक अभिव्यक्ति है। यह कृति किसी साहित्यिक प्रदर्शन का प्रयास नहीं, बल्कि हृदय में उठे तरंगों को सहज रूप में शब्दबद्ध करने का एक विनम्र प्रयत्न है।

अनुभव मिश्रा ने वर्ष 2019 में लेखन की शुरुआत केवल मनोरंजन के उद्देश्य से की थी, किंतु समय के साथ यह शौक साधना में परिवर्तित हो गया। उनकी प्रथम पंक्तियाँ–

"वो शायद बाँधने से डरता है मन्नत के धागे,
मुझे पाना भी चाहता है, पाने से भी डरता है।"

–प्रेम की उस सूक्ष्म मनःस्थिति को अभिव्यक्त करती हैं, जहाँ चाहत और भय साथ-साथ चलते हैं। यह भाव उनके अंतर्मन में तब अंकुरित हुआ जब वे पुरानी फिल्म नदिया के पार देख रहे थे। समाज के मान-सम्मान, वाद-विवाद और संकोच के कारण प्रेम का इज़हार न कर पाने की जो पीड़ा है, वही इन पंक्तियों का मूल है।

इस पुस्तक में जीवन के विविध आयाम–प्रेम, रिश्ते, परिवार, पूजा-पाठ, प्रेरणा और आत्ममंथन–रचनाओं के माध्यम से अभिव्यक्त हुए हैं। इनमें से अनेक रचनाएँ कल्पना के आकाश में जन्मी हैं; उनका वास्तविक जीवन से कोई प्रत्यक्ष संबंध नहीं है। प्रेम इस कृति का केन्द्रीय भाव है, परंतु उसके साथ-साथ पारिवारिक स्नेह, आत्मीयता, संघर्ष और आस्था के स्वर भी समान रूप से गूँजते हैं।

लेखन अनुभव के लिए एक सच्चे मित्र की भाँति है–जो हर सुख-दुःख में साथ रहता है। वे अपना अधिकांश समय पठन और लेखन में व्यतीत करते हैं। जीवन-पथ पर उनके प्रेरणा स्रोत उनके बड़े भाई सौरभ मिश्रा तथा उनका समस्त परिवार है, जिनका विश्वास उनके संकल्प को दृढ़ करता है।

~

साहित्यिक चेतना के निर्माण में कुमार विश्वास, मनोज मुंतशिर, परितोष त्रिपाठी, जावेद अख्तर तथा आशुतोष राणा जैसे रचनाकारों को सुनना और पढ़ना उनके लिए प्रेरणा का स्रोत रहा है।

विशेष रूप से अर्जुन सिसोदिया जी की पंक्तियाँ–

"युद्ध नहीं जिनके जीवन में, वे भी बहुत अभागे होंगे,
या तो प्रण को तोड़ा होगा, या फिर रण से भागे होंगे।"

–उन्हें संघर्ष के क्षणों में संबल प्रदान करती हैं। जब जीवन की राहें कठिन हो जाती हैं, ये शब्द उनके लिए दीप-स्तंभ बन जाते हैं।

इसी प्रकार कुमार विश्वास की प्रिय पंक्तियाँ–

"कोशिशें मुझ को मिटाने की भले हों कामयाब,
मिटते-मिटते भी मैं मिटने का मज़ा ले जाऊँगा।
शोहरतें, जिनकी वजह से दोस्त दुश्मन हो गए,
सब यहीं रह जाएँगी, मैं साथ क्या ले जाऊँगा।"

–उन्हें विनम्रता और आत्मविश्वास का संतुलन सिखाती हैं।

~

यह कृति ग़ज़ल, शेर, छंद और रस के पारंपरिक नियमों की परिधि में बँधी नहीं है; यह केवल जज़्बातों को शब्दों का आकार देने का प्रयास है। अतः पाठकों से विनम्र निवेदन है कि इसे साहित्यिक कसौटियों से अधिक हृदय की संवेदना के स्तर पर पढ़ें।

अंत में, लेखक अपने परिवार, मित्रों और सभी शुभचिंतकों के प्रति कृतज्ञता व्यक्त करते हैं। साथ ही, इस पुस्तक को पढ़ने वाले प्रत्येक पाठक के प्रति उनका हृदय से आभार–आपका स्नेह ही इन शब्दों की वास्तविक शक्ति है।

~

सादर

अनुभव मिश्रा

लेखक परिचय

अनुभव मिश्रा फ़र्रुख़ाबाद (उत्तर प्रदेश) के एक प्रतिभाशाली युवा लेखक, वक्ता एवं साहित्य-प्रेमी व्यक्तित्व हैं। उनका जन्म 03 अगस्त 2001 को फ़र्रुख़ाबाद में हुआ। प्रारम्भिक शिक्षा उन्होंने K. R. Rastogi Inter College, Farrukhabad से प्राप्त की, जहाँ से 12वीं तक की पढ़ाई पूर्ण की। इसके पश्चात उन्होंने दुर्गा नारायण डिग्री कॉलेज, फ़र्रुख़ाबाद (कानपुर विश्वविद्यालय) से बी.कॉम. की उपाधि अर्जित की। वर्तमान में वे The Institute of Cost Accountants of India के छात्र हैं तथा शिक्षा के साथ-साथ साहित्यिक और सांस्कृतिक गतिविधियों में सक्रिय भूमिका निभा रहे हैं।

~

संगीत, यात्रा, पुस्तक-पठन और लेखन उनकी विशेष रुचियाँ हैं। उनका मानना है कि शब्द मन की भावनाओं को अभिव्यक्त करने का सबसे सुंदर और प्रभावशाली माध्यम हैं। लेखन उनके लिए एक सच्चे मित्र के समान है–जो मन की हर अनुभूति को सहज स्वीकार करता है और उसे सार्थक अभिव्यक्ति प्रदान करता है।

~

अनुभव मिश्रा ने विभिन्न प्रतिष्ठित मंचों पर अपनी प्रभावशाली प्रस्तुतियाँ दी हैं, जिनमें प्रमुख हैं–

"30 ML of Motivation" – गोदावरी ऑडिटोरियम, दिल्ली

"A Sip of Self Belief" – यमुना स्पोर्ट्स कॉम्प्लेक्स, दिल्ली

इसके अतिरिक्त वे अनेक प्रेरणादायक एवं सांस्कृतिक आयोजनों में निरंतर सहभागिता निभाते रहे हैं।

अपने साहित्यिक और बौद्धिक सफर में उन्हें अनेक प्रतिष्ठित व्यक्तित्वों से मिलने और संवाद का अवसर प्राप्त हुआ है, जिनमें प्रमुख हैं– कुमार विश्वास, शुभांकर मिश्रा, जावेद अख्तर, इम्तियाज़ अली, आलोक श्रीवास्तव, दिव्य प्रकाश दुबे, चेतन भगत, शारिक़ क़ैफ़ी, मनोज मुंतशिर तथा जया किशोरी।

~

उनके लेख अनेक समाचार पत्रों में प्रकाशित हो चुके हैं, जैसे– पंजाब केसरी, दैनिक विजय दर्पण टाइम्स, लखनऊ का अणिमान, यूथ इंडिया फ़र्रुख़ाबाद तथा अन्य हिंदी पत्र-पत्रिकाएँ।

साहित्य और सामाजिक क्षेत्र में उनके उत्कृष्ट योगदान के लिए उन्हें मधुशाला गौरव सम्मान, नव उमंग साहित्यिक सम्मान, जश्न-ए-आगाज़ सम्मान सहित अनेक प्रतिष्ठित सम्मानों से सम्मानित किया गया है।

वे दो बार News18 India के लोकप्रिय कार्यक्रम भैयाजी कहिन का हिस्सा भी रह चुके हैं, जिससे उनकी सामाजिक एवं साहित्यिक सक्रियता को व्यापक पहचान मिली।

~

अपनी प्रकाशित पुस्तक Heartly Imaginations सहित अपने समस्त साहित्यिक प्रयासों के माध्यम से अनुभव मिश्रा निरंतर युवा पीढ़ी को विचारों की गहराई, संवेदनाओं की मधुरता और आत्मविश्वास की नई प्रेरणा प्रदान कर रहे हैं।

1. हे गजानना

~

पार्वती सुत शिव के लाल, मूषक जिन की सवारी है
वो एकदंताय, गणाधीशाय, जगत के पालनहारी हैं
~

मैं हाथ जोड़ नतमस्तक सहृदय तेरा ध्यान लगाता हूँ
हे गजानना तेरे चरणों में श्रद्धा के सुमन चढ़ाता हूँ
~

2. आराम सिर्फ राम है

~

श्री राम के ही मार्ग पर ये जग है सारा चल रहा।
राम से मिलन को यहाँ सब का मन मचल रहा।।

~

राम साथ हैं नहीं, कि हर कदम पे राम हैं।
राम के बिना ना यहाँ बनता कोई काम है।।

~

दुःख को रोकने का विराम सिर्फ राम हैं।
जग है सारा वेदना, आराम सिर्फ राम है।।

~

सारे जग की भावना, आराधना में राम हैं।
देव, संत सबकी जटिल साधना में राम हैं।।

~

धर्म, त्याग जैसी जग की प्रेरणा में राम हैं।
माया तो कपट है, मोक्ष सिर्फ राम नाम है।।
माया तो कपट है, मोक्ष सत्य राम नाम है।।

~

3. हे दयामयी माँ

~

हे माँ भगवती अपने लाल को ये वरदान देना।
टूटे हौसला जब भी मेरा हाथ माता थाम लेना।।
दुख में सुख में हर स्थिति में माँ तुझे ही पुकारा है।
भंवर में फंसी है नैया माता तेरा ही एक सहारा है।।
तू जगजननी, तू माँ दुर्गा, तू आदिशक्ति माँ भवानी है।
तू हर जन का कल्याण करे तू कलयुग की महारानी है।।
मैं हाथ जोड़ नतमस्तक सहृदय तेरा ध्यान लगाता हूँ।
हे दयामयी माँ तेरे चरणों में श्रद्धा के सुमन चढ़ाता हूँ।।

~

4. शिव शिव शिव

~

शिव अंतर मन की शक्ति है
शिव पूजा है, शिव भक्ति है
~

शिव से सृष्टि में प्रकाश है
शिव पतझड़ में मधुमास है
~

शिव ही तो जीवन दर्शक है
शिव सब के पथ प्रदर्शक है
~

शिव ही जीवन का सार है
शिव से ही तो ये संसार है
~

शिव ही कष्ट निकन्दन है
शिव के चरणों में वंदन है
~

5. वो माँ बाप ही होते हैं

जो तेरे जज्बातों को जुबान पर
आने से पहले ही जान जाते हैं,
वो माँ बाप ही होते हैं जो तेरा
चेहरा देख तेरी परेशानी पहचान जाते हैं.
~

तेरी खातिर सोलह सोमवार व्रत रहते,
उदास ग़र तू हो तो वो भी खुश रह पाते कहाँ हैं,
मौका मिले ग़र तो तलाशना उनके कपड़े कभी
कि वो अपनी परेशानियाँ तुझ से छुपाते कहाँ हैं.
~

तेरी जरा सी तबीयत खराब होने पर
जो भगवान से भी लड़ जाते हैं,
वो माँ बाप ही होते हैं जो अपनी जरूरतें
रोक कर तेरी ख्वाहिशों को मुकम्मल बनाते हैं,
~

इसी पर आधारित दो अन्य पंक्तियाँ -
किसी हुस्न वाली की तलब नहीं हमें
क्युकी मोहब्बत हमने अपने आप से की है,
वो शिद्दत वाली होती है ना जो हाँ वो
मोहब्बत हमने अपने माँ बाप से की है.

6. जिंदगी है कुछ यूँ

ये जिंदगी है कुछ यूँ
कुछ इस तरह इसमे चलना पड़ता है,
जब जब गिराए कोई उठ कर
तब तब सम्भलना पड़ता है,
बिखेरने को खड़ा है ज़माना
तोड़ने को हैं सभी,
टूट कर फिर से जो चमके
उस हीरे सा निखरना पड़ता है.
ये जिंदगी है कुछ यूँ
कुछ इस तरह इसमे चलना पड़ता है.

~

लहरों से ना तू डर अब
ग़र समंदर में है तू उतर गया,
लहरों को चीर कर ही तो
नौका को आगे निकलना पड़ता है,
मुश्किलों से ना तू डर
ना हार मान उनसे कभी,
मुश्किलें हैं सीढियों सी
पाने को मंजिल कई सीढ़ियां चढ़ना पड़ता है,
ये जिंदगी है कुछ यूँ
कुछ इस तरह इसमे चलना पड़ता है.

~

आशिकी में ना तू पड
ना इश्क़ को मंजिल बना,
है दूर तक जाना तुझे
बस हौले हौले चलता जा,
कुछ पाने के लिए
थोड़ा परिश्रम तो करना पड़ता है,
सफ़र-ए-हयात बनाने को हसीन
हालातों से भी लड़ना पड़ता है,
ये जिंदगी है कुछ यूँ
कुछ इस तरह इसमे चलना पड़ता है.

~

मंजिल तेरी तू खुद बना
ज़माने से क्या है पूछता,
हमसफर तू खुद का बन
राहों में अकेले चलना पड़ता है,
यूँ ही नहीं पहुँच जाता
कोई ऊंचे ऊंचे मुक़ामों पर,
सपनों की जमीं पर चलने के लिए
कई मर्तबा फिसलना पड़ता है,
ये जिंदगी है कुछ यूँ
कुछ इस तरह इसमे चलना पड़ता है.

~

– अनुभव मिश्रा

7. दोस्ती वाली मोहब्बत

जो मैं अक्सर लिखता, बोलता, गुनगुनाता हूँ,
आओ अपने इश्क़ की दास्तान आज तुमको भी सुनाता हूँ.
~

बैसे मेरी कोई गर्लफ्रेंड् नहीं है
क्योंकि मैं दोस्ती पर ऐतबार करता हूँ,
हाँ मगर मेरी एक दोस्त ऐसी भी है
जिस से मैं महज़ एकतरफ़ा प्यार करता हूँ.
~

वो मेरी सबसे अच्छी दोस्त है जिस के लिए
मेरी हर एक बात बहुत अहम होती है,
मैं झगड़ के उससे रूठ जो जाऊँ
तो मनाने को मुझे क्यूट सा मुँह बना कर रोती है.
~

फिक्र करती है वो मेरी माँ से भी ज्यादा
बात ना मानू उसकी तो मुझ से
गुस्सा भी हो जाती है,
लापरवाही करूँ जो खान पान में
तो छोड़ जाने के साथ साथ
कसम देकर भी धमकाती है.
~

दिल के जज्बातों को समेट अपनी मोहब्बत को
कुछ इस कदर दफ़नाता हूँ,
मैं उसके सामने खड़ा
अपने आंसुओं को थाम
बड़ी शिद्दत से मुस्कुराता हूँ.
~

महज इस एकतरफा इश्क़ को छोड़
मैंने सारे राज उसको बयां करे हैं,
किस्मत वाला हूं मैं
जो मिला मुझे ये एहसास
जो लफ्जों से परे है.
~

आज कलम बस में नहीं है मेरी
इसलिए आगे अब बस इतना ही कहना चाहता हूँ,
माना मोहब्बत करता हूँ लेकिन
मैं बस उसका Best Friend ही रहना चाहता हूँ.
~

8. प्रेम की परिभाषा

~

उन से मिलना, बातें करना और सुनाना गीत गजल,
प्रेम की परिभाषा में क्या केवल इतना ही आता है ??
~

हम मिलते, झगडा करते, हैं और मनाते फिर उनको,
जो शय उनको भाती है वो सब दिलवाते फिर उनको.
~

आँखों पर हम गजलें पढ़ते, गीत भी उन्हें सुनाते हैं,
हाथ पकड़, बातें करते - करते ही खो से जाते हैं.
~

प्रेम की परिभाषा में और बहुत कुछ आना बाकी है,
अभी तो मोहतरमा की ज़ुल्फ़ें भी सुलझाना बाकी है!!
~

9. गुनगुनाते ख्याल...!!

~

चल-फिर सकते यदि
तो रेहन रखे जाने से पहले
भाग जाते दूर
जंगल के पार,
फुसफसाते हैं घुटते हुये
खेत-खलिहान...!

घूम-फिर सकते यदि
तो गिरवी रखे जाने से पहले
किसी पुल या पहाड़ी से
लगा लेते छलाँग,
बुदबुदाते हैं सुलगते रहते
घर-आँगन-द्‌वार...!

~

हिल-डुल सकते यदि
तो गिरवी रहने पर भी
चमकते-दमकते खनक कर
उठाते आवाज़,
बतियाते हैं
कंगन आदि जेवरात...!

बोल-बतला सकते यदि
तो कोने में रखे होने पर भी
मचा कर शोर
करते शिक्षित समाज को,
फुसफसाते हैं पुस्तकालय में रखे
महान ग्रंथ और किताबें...!

-Anubhav Mishra
#Heartlyimaginations

10. बिखरा जीवन रिक्त

~

कुछ बिखरी-बिखरी यादें हैं
कुछ बिखरा सा है दृश्य मेरा
कुछ बिखरी सी ये रातें हैं
कुछ बिखरा सा अस्तित्व मेरा
कुछ बिखरे-बिखरे रिश्ते हैं
कुछ बिखरा सा व्यक्तित्व मेरा
कुछ बिखरी सी सौगातें हैं
कुछ बिखरा जीवन रिक्त मेरा

~

- अनुभव मिश्रा

(मेरठ से प्रकशित "दैनिक विजय दर्पण टाईम्स" समाचार पत्र में प्रकाशित रचना)

11. सुनता कहाँ है

~

सुनता कहाँ है
मेरी बातों को अब वो
बस अपनी ही धुन में
मशगूल रहता है
किसी के ख्यालों में,
किसी की यादों में,
कभी मुस्कुरा कर
मोहब्बत के गीत
गुनगुनाता है
तो कभी सोचते ही सोचते
पहरों खो जाता है
उस को प्यार हो गया है शायद
किसी अनजान से,
किसी गुमनाम से,
जो सिर्फ उस का है
"ख्यालों में".

~

12. अच्छा लगता है

~

नफा नुकसान चाहत का
ओ अनुभव हम ना कुछ जानें।
हमें बस उस कली का मुस्कुराना
अच्छा लगता है।।

~

कि जब खिड़की पे वो आए
हवा का रुख बदल जाए।
झुका कर के यूँ नजरों का उठाना
अच्छा लगता है।।

~

लगाऐ आंख में काजल
और होठों पर लिपस्टिक वो।
तो उसका ये मिजाज-ए-कातिलाना
अच्छा लगता है।।

~

जो लफ्जों से निकल कर के
हृदय में यूँ ठहर जाएं।
हमें इस लेखनी का वो तराना
अच्छा लगता है।।

~

ये बंदिश लॉकडाउन की,
ये यू.पी. पुलिस के डंडे।
हमें बेफिक्र उस के शहर जाना
अच्छा लगता है।।
~

13. कल्पना

~

कल्पना कर पाना
प्रमाण है
अवास्तविक न होने का
निष्कपट नीले आकाश के तले
की गई प्रत्येक कल्पना को
साकार करने की
चेतना में ही उस से जुड़े
संसाधन निहित होते हैं
जरूरत है
तो केवल
स्पंदन का इच्छा से
सामंजस्य स्थापित करने की।।
~

14. मेरे विचार

~

विचार करना
बेहद संकीर्ण विषय है
अपितु अवांछित विषय पर
किये गए विचार
इसे विकीर्ण बना कर
मनुष्य के मन को
विचलित कर देते हैं,
दिनचर्या के दौरान
किये जाने वाले विचारों का चयन
लक्ष्य प्राप्ति को
प्रभावित करने में
अहम भूमिका निभाते हैं
अतः वांछित वस्तुओ पर किये
जाने वाले विचार अधिक
लाभप्रद हैं.
अंततः मैंने विचार किया
तुम्हारे संबंध में.

~

15. चाँद और तुम

नहीं कहना चाहता मैं तुम्हें चाँद
या चाँद के जैसा
क्योंकि चाँद को तो
हर कोई टांक देने की
बात करता है
अपनी प्रेमिका के कुर्ते में.
~

हर प्रेमी करता है
इश्क में चाँद को
तोड़ लाने के वायदे,
पर मैं नहीं चाहता,
कि तुम्हें कोई टांके
या तोड़ लाए इश्क़ में
इतना ख़ुदगर्ज होना तो
लाज़मी है मेरा.
~

क्योंकि तुम नहीं हो
इश्क़ का चाँद
जो तुम्हें तोड़ा या टांका जा सके
तुम टूटोगी तो सिर्फ़ मेरी बाहों में
और बिखरोगी तो सिर्फ़ मेरे लिए.

~

और सुनो,
तुम चाँद नहीं हो
ना ही चाँद के जैसी हो
तुम हो मेरे इश्क़ का ब्रम्हाण्ड
और मैं ठहरा हुआ एक कण
जो है सिर्फ़ तुम्हारे लिए
तुमसे ही है जिसका
अस्तित्व.

~

16. हम दोनों मिले ऐसे

~

वो हल्की बारिश, सुनहरा अम्बर,
बहकी बहकी सी थी हवा,
क्या खूब वो मौसम भी था
जब देखा था उसको पहली दफ़ा.

~

वो मदहोश निगाहें, कातिलाना अदाएं,
मुस्कुराहट भी बवाल करवा रही थी,
खुली जुल्फों को चेहरे पर सजा कर
मानो भरे बाजार कत्लेआम बरसा रही थी.

~

कुछ पल को तो ठहर सा गया मैं,
मानो हूर सी कोई परी मेरे सामने है,
देखा था एक अर्से पहले जो ख्वाब मैंने,
मानो वो साक्षात मेरे सामने है.

~

किसी गुलाब की पंखुड़ी से
उस के लबों का तो कोई जबाब ही नहीं,
उसकी शरबती आंखों से ही
पी गया मैं कितनी
रक्खा उस का भी हिसाब नहीं.

~

यूँ तो कितना सख्त हूँ फिर भी
मोहब्बत में उसकी घिरता जा रहा था,
हैसियत नहीं थी उसके दिल तक जाने की
मोहब्बत का गीत मैं एकतरफ़ा ही गुनगुना रहा था.

~

17. बेटियां

~

बचपन से ही
बता दिया जाता है
पराया धन होती हैं बेटियाँ,
सपने पूरे करने की उम्र में
लड़कियों को सिखाया जाता है
ससुराल में रहने का सलीका,
होती हैं कुछ अल्हड़
जो समझती हैं हकीकत
और व्यवस्थित रखती हैं
सदाचार के साथ
अपने सपनों की उड़ान को,
और दिखाती हैं आईना
इस मिथ्याचारी समाज को.
~

18. कुछ बात करते हैं ना

थोड़ी खुशियां, थोड़ी यादें,
थोड़े ग़म और थोड़ी बातें
साथ करते हैं ना
आओ कुछ बात करते हैं ना...!!
~
ये शर्म, झिझक सब छोड़ो ना
तुम मेरे हो इस बात पर
अपना रुख मोड़ों ना
थाम हाथों में हाथ
कुछ कदम साथ चलते हैं ना
आओ कुछ बात करते हैं ना...!!
~
कुछ नज्में कुछ शायरी
मैं तुम पर बनाऊँ
तुम मुझ को जो देखो
तो हौले से मुस्कुराऊ
इस शाम एक दूसरे के नाम
अपने लम्हात करते हैं ना
आओ कुछ बात करते हैं ना...!!

19. थू तेरे आतंक पे है

~

धर्म, कर्म और भाषा, जातियों
में ही फंसे रह जाओगे
तुम चाटुकार और वामपंथी
क्या ख़ाक एकता लाओगे,
ना चहिए निंदा ना चहिए
कोई भी भाषण ज्ञान हमें
मारो उन कायर कुत्तों को
या लौटा दो
हमारे लोगों की जान हमें,
कायरता तुझ पर हावी है,
तू नाश के चरम चरण पर है
थू है बांग्लादेश तुझ पर,
और थू तेरे आतंक पर है।

~ ~ ~

(सत्ता पलट के दौरान बांग्लादेश में
अल्पसंख्यक हिंदुओं पर हुए अत्याचार के संबंध में)

~

20. अंतर ख्याल

~

जब अकेला होता हूँ
अकेला नहीं होता हूँ
मेरे साथ होती हैं
सदैव तुम्हारी यादें
जो करती हैं ढेरों सवाल
~

सवाल हमारे साथ होने पर
सवाल हमारे साथ न होने पर
कौन हो तुम मेरी
क्या हूँ मैं तुम्हारे लिए
~

मैं बस इतना जनता हूँ
कि तुम व तुम्हारी यादें
दोनों की अहम भूमिका है
मेरे संघर्षरत जीवन में
~

~

मैं अक्सर
सोच में पड़ जाता हूँ
कि कहाँ गई मेरी वेदना
ये उमंगें कहाँ से आईं
मेरा बचपना भी है जिंदा
जब से चमत्कार के जैसे
जीवन में तुम आईं

~

जिंदा होने का अहसास भी है
उम्मीद की किरणें भी
नजर आने लगीं

~

मेरे पास जवाब तो नहीं होता
होती हैं तो
बस तुम्हारी यादें
घण्टों बैठा रहता हूँ
अपने ही अंतर ख्यालों में
जब ख्यालों से बाहर आता हूँ
पास अपने पाता हूँ तुम्हारी यादों को.

~

21. इंतेजार और प्रेम

~

इंतेजार और प्रेम का
संबंध बिल्कुल वैसा ही है
जैसा कागज और कलम का
प्रेम है इसीलिए इंतेजार है
इंतेजार के बिना प्रेम अधूरा है

-

लेडीज चेंजिंग रूम के बाहर
खड़े पुरुष को इंतेजार होता है
उसकी पसंदीदा स्त्री के
बाहर आने का
दरवाजे के खुलने की
हर एक आहट पर वो व्यक्ति
उम्मीद एवं उत्साह भरी नजरों से
निहारता है उस चेंजिंग रूम के
दरवाजे की ओर
और जब वहाँ से कोई और स्त्री
बाहर आती है तो वो थोड़ा सा
हताश और निराश हो कर
फिर से अपने इंतेजार को
जारी रखता है

~

और जैसे ही उस दरबाजे के पीछे से
बाहर आती है उसकी पसंदीदा स्त्री
तो उस के चेहरे पर आने वाली
एक बड़ी सी मुस्कुराहट
इस तथ्य का प्रतीक होते हैं
कि प्रेम एवं इंतेजार एक दूसरे के पूरक हैं.
~

22. तेरी यादें

~

कहीं, कभी भी आ जाती हैं तेरी यादें
मुझ से मुझे मिला जाती हैं तेरी यादें
~

तुझे सोंच कर ही मैं खुश हो जाता हूँ
कभी रुला जाती हैं मुझको तेरी यादें
~

रात को तेरा ख्वाब में आना पक्का है
कभी तो नींद उड़ा जाती हैं तेरी यादें
~

अगर सफर में कभी हारने लगता हूँ
हिम्मत तभी बढ़ा जाती हैं तेरी यादें
~

शहर से तेरे दूर बहुत है घर मेरा
तुझ से मुझे मिला जाती हैं तेरी यादें
~

23. एक झलक देखना

~

तुम्हे एक झलक देखना
और बस देखते रह जाना
मानो फंसा लेती हैं
तुम्हारी जुल्फ़ें
मेरी नजरों को.
बेसुध हो कर सोते समय
तुम्हारे चेहरे पर
फ़ैली जुल्फों के
छल्ले के उस पार
अनगिनत नाकाम कोशिशों के बाद
तुम्हारी प्यारी सी
आँखों की एक झलक मिलना
बिल्कुल वैसा ही अहसास देता है
जैसा होता है
रेगिस्तान में फंसे
किसी प्यासे पथिक को
पानी मिलने पर.

~

~

और सुनो,
आँख के पास का
वो छोटा सा तिल
बढ़ा देता है
तुम्हारी खूबसूरती को और भी,
मै देखता हूँ
उस तिल को
तुम्हे हर बुरी नजर से
बचाते किसी नजर के टीके की तरह.

~

तुम्हे देख कर
थोड़ा और देखना
और बस देखते रह जाना
"अच्छा लगता है".

~

24. किसलिए ??

~

तुम्हें ज़ज्बात अपने हम बताएं किस लिए?
भरी महफिल में नजरें हम मिलाएँ किस लिए?
~

अंधेरी रात है ग़म की हमारी जिंदगी
तुम्हारे नाम का दीपक जलाएं किस लिए?
~

गए थे तैश में तुम बेसहारा छोड़ कर
तुम्हारे दीद को हम तिलमिलाएं किस लिए?
~

दिल-ए-नादां को तेरे बिन कोई भाया नहीं
अब इस बंजर को रौशन घर बनाएं किस लिए?
~

25. तुम साथ होते हो

जब तुम साथ होते हो
तो अच्छा लगता है
तुम जब साथ नही होते हो
तो ज्यादा अच्छा लगता है,
~

तुम्हारी अनुपस्थिति कराती है अहसास
मुझे उस अद्वितीय प्रेम के स्तर का
जो मुझे तुम्हारा होने
और सदैव तुम्हारा बन के रहने
की प्रेरणा देता है,
~

तुम्हारी अनुपस्थिति में भी
मुझे हर पल होता है
तुम्हारी मौजूदगी का अहसास
~

अंततः
मेरे उधेड़-बुन से जीवन में
तुम्हारी उपस्थिति जरूरी है,
बेहद जरूरी.
~

26. दोस्त तुम्हारा

~

लाखों तारों की महफ़िल में,
एक चाँद भी आधा अच्छा था.

~

यूँ तो सारे सच अच्छे थे,
झूठा वादा भी अच्छा था.

~

अच्छे थे तुम, अच्छे थे हम,
और साथ हमारा अच्छा था.

~

मैं प्रेम में थोड़ा चूक गया,
पर दोस्त तुम्हारा अच्छा था.

~

27. एक लड़की है

एक लड़की है
जिसे मैं बहुत पसंद करता हूँ
साथ उसके हूँ जी उठता,
वो न दिखे तो पल-पल मरता हूँ,
उस को कभी बता नही पाता,
मोहब्बत अपनी मैं जता नहीं पाता,
नाराज़ होती है तो टूट जाता हूँ,
वो क्या है मेरे लिए मै खुद ये समझ नहीं पाता हूँ.
वो रब है, खुदा है,
या है किसी वरदान जैसी
उसकी मुस्कुराहट मेरी हिम्मत है,
वो है मेरे जिस्म में जान जैसी,
हसीं है, जवां है,
खूबसूरती की मिसाल है
जुल्फें, नज़रे, और अदायें
कसम से बवाल हैं
मेरा सच्चा इश्क़, इबादत, हिम्मत
सब कुछ एक इंसान है,
मेरे दिल पे कब्जा है जिसका,
वो कोई और नहीं, हाँ यार तू मेरी "जान" है.

28. फर्क पड़ता है क्या?

~

खुशबू की तरह बिखर जाने से
एक दिन मेरे मर जाने से
तुम्हें फर्क पड़ता है क्या ??
फर्क,
फर्क तो पड़ता है
आने से, जाने से, रूठने - मनाने से
साथ में बैठने और उठकर चले जाने से
खैरियत पूछने से, गुस्सा जताने से
अकेले में बैठ कर बेवजह मुस्कुराने से
रोने से, हँसने से, डाँटने-चिल्लाने से
रातों में जागने और जल्दी सो जाने से,
पर हमारे बीच अब वह एहसास नहीं
साथ तो हैं, मगर पहले जितना पास नहीं,
पर फिर भी एक सवाल है
जिसका जवाब जानते हुए भी
अक्सर पूछने का दिल करता है
तुम्हें फर्क पड़ता है क्या...??

29. तुम्हारा प्रेम

मैं और तुम इश्क़ में हैं
इश्क़ में नाराजगी, चिंता, प्रेम
के साथ साथ कुछ झगड़े
और तीखी नोक झोंक
भी हो जाती है कभी कभी
इस नोक झोंक में
बहुत कुछ तुम बोल जाती हो
जो बोलना इतना जरूरी भी नहीं था
वो बातें, वो ताने मेरे दिल में
घर कर जाते हैं बिल्कुल वैसे ही
जैसे किसी दीवार पे
लगती हुई कील बना देती है
दीवार पे एक दरार
और छोड़ देती है अपना
गहरा निशान
मेरे दिल में बनी इस
दरार और गहरे निशान
को दूर करने का
एकमात्र उपाय है
"तुम्हारा प्रेम".

30. आलोचनाएँ

~

जीवन में
आलोचक उतने ही
महत्वपूर्ण हैं
जितना कि
वाहन में ईंधन
आपके जीवन में
सफलता रूपी वाहन को
ईंधन देने का कार्य करती हैं

आलोचनाएँ

~

31. हौसला

~

धूप से
तपती दोपहर में
सड़क पर चलते हुए,
पेड़ की ठंडी
छाव का मिलना,
ऐसा ही होता है
जटिल परिस्थितियों में
"पिता" का पीठ थप-थपाकर बोलना
तुम कर लोग बेटा
मुझे यकीन है
तुम पर.
~

32. डरपोक समाज

~

डरपोक है ये समाज
जो हाथ में मोमबत्ती पकड़ के
निकल पड़ता है सड़कों पर
स्त्री की कमज़ोरी का
ढिंढोरा पीटने,
तुम क्यों पकड़ते हो सिर्फ मोमबत्ती
तुम हाथों में तलवार भी तो पकड़ सकते हो
स्त्रियों का दुश्मन जितना वो हैवान हैं
उतना ही ये समाज भी है
हम बताते है उन्हे डर, कमज़ोरी
और बैसाखी के सहारे चलते
शासन, प्रशासन के बारे में...!!
मगर
हर वो स्त्री
जो डर और सहम जाती
किसी अनजान व्यक्ति के
देखने, छूने या पीछा करने से
उसे नही बताता ये समाज
उसकी हिम्मत, ताकत
और शक्तियों के बारे में

डरता है ये समाज
यदि स्त्री अवगत हो गई
तो वो बन जायेगी
दुर्गा, चंडी या काली
उठा लेगी स्वयं शस्त्र
कर देगी उन सभी दानवों का
सर धड़ से अलग
जो समझते है स्त्री को

कमजोर.

~

33. जन्मों का रिश्ता

बेशक दोस्तों की बदौलत ही खुशनुमा ये जहान है,
माना मोहब्बत का भी इसमे एक अनोखा स्थान है,
पर अपने सुख दुख के साथी
और पहले यार को कैसे भूल जाऊँगा,
जन्मों का रिश्ता तो बस
मैं अपने परिवार के साथ ही चाहूँगा.

~

एक यार होना जरूरी है जो शरारतों में
निभाएं बराबर की हिस्सेदारी,
एक प्यार होना जरूरी है जिसको
बता सकें हम दिल की बातें सारी,
पर हमारे चेहरे से ही जान जाएं जो
तमन्नाएं हमारी उस यार को कैसे भूल जाऊँगा,
जन्मों का रिश्ता तो बस मैं
अपने परिवार के साथ ही चाहूँगा.

~

जरूरत पड़ने पर जो अपना पिगी बैंक तोड़कर
पैसे ले आए ऐसा यार बहुत जरूरी है,
जन्मदिन पर चुपके से गिफ्ट देखकर जो उसे
और भी स्पेशल बनाए ऐसा प्यार बहुत जरूरी है,

पर जो हमारे बिना बताये हमारी जरूरत का सरप्राइज
हमारे लिए ले आए उस यार को कैसे भूल जाऊँगा,
जन्मों का रिश्ता तो बस मैं
अपने परिवार के साथ ही चाहूँगा.

~

मस्ती करते हुए मंदिर, मस्जिद जिसके साथ
घूमने जाएं वो यार बहुत जरूरी है,
भगवान से प्रार्थना करते समय जिसे
सोच कर मुस्कराएं ऐसा प्यार बहुत जरूरी है,
पर हर दम, हर पल, हर पहर जो भगवान से
महज हमारी खुशियों की ही प्रार्थना करे
ऐसे यार को कैसे भूल जाऊँगा,
जन्मों का रिश्ता तो बस मैं
अपने परिवार के साथ ही चाहूँगा.

~

झगड़ा होने पर किसी से जो सबसे पहले
समर्थन में आगे आए वो यार बहुत जरूरी है,
हाथापाई का पता चलने पर डाँट कर जताए
जो परवाह हमारी वो प्यार बहुत जरूरी है,
पर इस सब से दूर रहने को हमें एक दोस्त की तरह
समझायें जो ऐसे यार को कैसे भूल जाऊँगा,
जन्मों का रिश्ता तो बस मैं
अपने परिवार के साथ ही चाहूँगा.

34. दिल पर कुछ यूँ

~

दिल पर कुछ यूँ अख्तियार कर रहा है
इश्क़ से अनुभव दरकिनार कर रहा है
~

ख्वाहिश एक, मुश्किलें हजार हैं मगर
इरादों के हथियार में धार कर रहा है
~

खफ़ा है मगर कोई बोलता कुछ नहीं
हर कोई पीठ पर मेरी वार कर रहा है
~

फिरते हैं सभी बने मियां मिट्ठू यहां
फिर भी सभी का ऐतबार कर रहा है
~

ना कुछ भी बचा है अब इसका निजी
ये इंसान खुद को अखबार कर रहा है
~

35. मैं, मेरी चाय और तुम

मेरे सर दर्द को दूर करती है जो,
सुनो तुम मुझे चाय सी लगती हो.
~

जिसको सोचूँ मैं शाम सहर
जिससे मैं मुकम्मल होता हूँ,
ख्वाबों में जिसके रहता और
आलिंगन करके सोता हूँ,
उस चाय सी तुम मुझे लगती हो.
~

सुबह को आंखे खुलते ही
जो सामने मेरे होती है,
मुझको बाहों में भर के
मेरे लबों को जो भिगोती है,
उस चाय सी तुम मुझे लगती हो.
~

तन्हाई में भी जो अक्सर
मेरे हाथ को थामे रहती है,
जो सुबह से लेकर शाम तलक
साँसों में मेरी बहती है,
उस चाय सी तुम मुझे लगती हो.

~

कोई खुश खबरी या ग़म
सबसे पहले जिसको सुनाता हूँ,
तन्हाई में सबसे पहले
मैं जिसके पास में आता हूँ,
उस चाय सी तुम मुझे लगती हो.

~

बीमारी में जो सुकून दे
उस मरहम सी तुम लगती हो,
बेरंग से मेरे जीवन में
सतरंगी सेज सी लगती हो,
मीठी मीठी... प्यारी प्यारी...
उस चाय सी तुम मुझे लगती हो.

-

36. अच्छा साथी

~

धुंधलाती यादों के बीच
हमारी स्मृति में
सर्वप्रथम
आने वाला
वो एक चेहरा
जो किसी
चमकदार आइने की तरह
हमें सब से पहले
नज़र आता है
यक़ीनन जीवन के
किसी न किसी पड़ाव पर
रहा होगा हमारा अच्छा साथी.

~

37. पाखंडी समाज

~

दो बातें,
दो विचार,
दो चेहरे लगा के
घूमने वाला
ये पाखंडी समाज
मेरा, आप का,
हम सब का संगठन है
जिसका दोगलापन
उसकी जरूरतों के अनुसार
विचारधारा से ज़ाहिर होता है
जैसे कि
बहुओं से बेटा चाहिए
और गायों से बछिया...!!

~

38. लापरवाह इश्क़

~

हाँ मैं लापरवाह हूँ
भूल जाता हूँ कई काम
सुबह बोलना उसे सुप्रभात
व देना उसका मनपसंद उपहार
~

कैसी है वो,
तारीफों के जरिये बता नहीं पाता
मोहब्बत बेपनाह है,
मगर अब जता नहीं पाता
वो बोलती है कुछ तो बस यही कहता हूँ
"यार बहुत काम है, थोड़ा Busy रहता हूँ"
सुन लेती है, समझ लेती है,
मुझे ज्यादा गुस्सा भी नही दिखाती
नाराज भले वो बैठी हो
फिर भी आकर है मुझे मनाती
उसे परवाह है मेरी
वो मुझ जैसी नहीं है.

~

लापरवाह तो वो भी है
बिल्कुल नहीं रखती अपना ख्याल
मेरा मूडऑफ होने के डर से बताती ही नहीं
भले मन में हों
Overthinking वाले हज़ारों सवाल
हाँ मगर
उसकी सुबह
मुझे Good Morning बोल के ही होती है
मेरे इंतज़ार में भले ही 2 बज जाए
पर बिना बात किये कभी नहीं सोती है
वो रखती है ख्याल मेरी सभी जरूरतों का,
फिर जताना हो तारीफों के जरिये प्यार
या देना हो मेरा पसंदीदा उपहार
घर, पढाई, ऑफिस के साथ
मुझे भी संभाल लेती है
"Busy हूँ थोड़ा, वो तो मुझसे कभी नहीं कहती है"
त्योहारों पर तैयार हो कर
सब से पहले मुझे दिखाती है
वो तो "हरियाली तीज" पर
मेरे नाम की मेहंदी भी लगाती है
वो बखूबी रखती है ध्यान
बहुत अच्छे से हर एक चीज का
बस अपना ध्यान रखने में पीछे रह जाती है.

39. किताब में रखा गुलाब

किताब में रखा
वो गुलाब
जो दिया था तुमने अर्से पहले
दिलाता है याद
उन बातों की जो कहीं थी तुमने
उसे देते वक्त
मेरी हिम्मत, ताकत,
और प्रेम के सम्बंध में
वो बातें मुझे सम्भाल लेती हैं
जब मैं टूटता, बिखरता
या घिर जाता हूँ परेशानियों से
मैं बताना चाहता हूँ
कि सिर्फ तुम या तुम्हारी बातें ही नहीं
अपितु तुमसे जुड़ी हर एक चीज
मेरे जीवन का अहम हिस्सा हैं
अपनी सफलता पर
मैं एक हाथ में वो गुलाब
और दूसरे में तुम्हारा हाथ पकड़ के
बताना चाहता हूँ संसार को
कि तुम्हारे बिना ये संभव नहीं था.

40. डर जाता हूँ मैं

~

माना कि कभी कभी समझ नहीं पाता
माना कि कभी अच्छे से मना नहीं पाता
माना कि डर जाता हूँ
माना कि कभी कभी कुछ ज्यादा ही कह जाता हूँ
पर सच तो ये है कि...
हाँ डर जाता हूँ मैं
कि तू कहीं मुझसे नाराज ना हो जाए,
हाँ डर जाता हूँ मैं
कि कहीं तू किसी और की ना हो जाए,
हाँ डर जाता हूँ मैं
कि कहीं तुझे मुझ से कोई दूर ना ले जाए,
हाँ डर जाता हूँ मैं
कि कहीं तुझे भी किसी से मोहब्बत ना हो जाए,
हाँ कभी कभी सच में डर जाता हूँ मैं
कि कहीं मेरा इश्क़
महज एकतरफा ही ना रह जाए.

~

41. अपना रस्ता देख

~

अपना रस्ता देख
अभी तुझे
कोषों चल कर जाना है,
तू चलता जा
अपने पथ पर
तेरे अंदर खड़ा ज़माना है,
तू चढ़ता जा
तू बढ़ता जा,
मंजिल की फ़िकर
अभी न कर
चट्टानों सा फौलाद है तू
बस लहरों से
टकराना है.

~

42. संघर्षों के दिनों में

~

इन संघर्षों के दिनों में तुम बहुत याद आये,
संगीत में जैसे मधुर धुन राग के बाद आये।
~

बहती है जब विश्व में अपार आनंद की गंगा,
तो फिर क्यों मेरे नसीब में ही विषाद आये।
~

कैसे ना सताये वेदना उस खुशहाल घर को,
बात चलते ही जहाँ हर बात पर विवाद आये।
~

कोई बचकर सिर छिपाये भी तो कहाँ छिपाये,
अगर पीछे -पीछे से चलकर खुद प्रवाद आये।
~

रस की तलाश में कहाँ -कहाँ नहीं भटक लिए,
हमें तो संघर्षयुक्त इस जीवन में ही स्वाद आये।
~

43. फूल के जैसे

~

किसी फूल के जैसे मैं खिलना चाहता हूँ
बिछड़ना नहीं, मैं उससे मिलना चाहता हूँ
~

परेशान हूँ जाने किस उधेड-बुन के चलते
इन परिस्थितियों को मैं बदलना चाहता हूँ
~

मुझे रात में चमकना है उस चाँद के जैसे
न दिन की तरह अब मैं ढलना चाहता हूँ
~

थक गया जिंदगी के इस रवैय्ये को ले कर
मैं चलना, फिसलकर, सम्हलना चाहता हूँ
~

किसी फूल के जैसे मैं खिलना चाहता हूँ
कामयाबी से ही अब मैं मिलता चाहता हूँ
~

44. सहर में और रातों में

सहर में और रातों में
सभी बेबाक बातों में
गुलों में और कलियों में
पडी सुनसान गलियों में
क्या मुझ को ढूँढा करती हो?
क्या मुझ से प्यार करती हो?
हृदय को क्यूँ जलाती हो
तो क्यूँ आंसू बहाती हो
हाँ माना दूर बैठा हूँ
मगर तेरे साथ रहता हूँ
सभी ख्वाबों, ख्यालों में,
तेरे सारे सवालों में,
तेरी बिंदिया में, लाली में,
वो तेरी मीठी गाली में,
तेरा विश्वास मैं ही हूँ,
हर एक एहसास मैं ही हूँ
हाँ मैं ही हूँ तेरे संग-संग
हाँ मैं ही हूँ तेरा हर पल.

~

45. चांद और रात का मेल

अच्छा सुनो,
तुम खामोश रहते हो
तो बिल्कुल
चांदनी रात की तरह लगते हो
और तुम्हारी जुल्फें
जब चेहरे पर आती हैं
तो लगता है जैसे
घेर रखा हो
चाँद को घने काले बादलों ने
चारो ओर से
जैसे चांद और रात का मेल
बढ़ा देता है
रात के सौंदर्यीकरण को
वैसे ही तुम्हारे चेहरे पर
जुल्फों के बादलों को
देखते हुए महसूस होती है
मुझे संसार की सब से श्रेष्ट खूबसूरती
तुम सोते हुए
बहुत मासूम और हसीन लगते हो.

46. पहला इश्क़ किताबें

~

मेरा पहला इश्क़ किताबें और
फ़िर उस के बाद तुम्हीं तो हो
~

जब कभी अकेला पड़ा हूं मैं
जो थाम ले हाथ तुम्हीं तो हो
~

जब मुझे सताती बात कोई
जो समझे हालात तुम्हीं तो हो
~

यूँ तो हैं कविता में शब्द कई
मेरा हर ज़ज्बात तुम्हीं तो हो
~

47. कुछ लिखें मिटाये

~

कुछ लिखें मिटाये क्यूँ अब हम
ये बात बढायें क्यूँ अब हम
~

तुम आँखें भी पढ़ लेते हो
फ़िर इश्क़ जतायें क्यूँ अब हम
~

है पता मुझे तुम मेरे हो
ये शोर मचायें क्यूँ अब हम
~

रूठे भी अच्छे लगते हो
फिर तुम्हें मनायें क्यूँ अब हम
~

48. ख्वाबों की किताब

~

एक रात
मैं लिखने बैठा
कुछ पंक्तियाँ उस
अद्वितीय प्रेम के बारे में
जिसे देखा नहीं जा सकता पर
जो इस संसार के सभी प्रकार के
प्रेम में सर्वोपरि है,
मैंने कलम उठाई और लिखना शुरू किया
मैंने लिखी उसकी अच्छाई, उसकी सच्चाई
उसके निस्वार्थ गुणों के बारे में,
मेरे कमरे में लगा छोटा सा पौधा भी
मानों इस अद्भुत प्रेम के गुणों को
सुन कर मुस्कुरा रहा था,
मैंने महसूस किया अपने
आस-पास के वातावरण को
जो कुछ समय पहले तक
बिल्कुल शांत और गंभीर था
उस में मीठी सी सुगंध घोलते हुए
हवाएं भी मानो गुनगुना रहीं थीं
कोई प्यारा सा गीत.

मैंने कुछ ही देर में लिख लिया
उन सभी किस्सों के बारे में
जो काग़ज़ पर उतारना
मुमकिन नहीं था.
आधी रात को
जब मेरी आँख खुली
तो मैं हड़बड़ा कर जाग उठा
मैंने उंगलियों को टटोला तो
कलम की जगह था मेरा फोन
जिस में खुली थी मेरी माँ की तस्वीर
जिसे देखते देखते मेरी आंख लग गई थी.

~

अंततः
मैंन अपने ख्वाबों की
किताब में लिखा माँ के
निस्वार्थ एवं अद्वितीय
प्रेम के बारे में.

~

49. प्रेम में पड़े पुरुष

~

प्रेम में पड़े पुरुष
जब देखते हैं
किसी गुलाब की
पंखुड़ी से कोमल
अपनी प्रेमिका के अधरों को
एक दम शांत और गंभीर
तो वो चाहते हैं
उन के पास जा
एक स्पर्श के साथ
उस खामोशी की वजह को
महसूस करना.

~

50. आसान नहीं होता

~

आसान नहीं होता
किसी लक्ष्य को
हासिल करना
अपनी मंजिल को
पाने के लिए प्रयास करो
बिल्कुल बैसे ही
जैसे करता है
एक मासूम सा बच्चा
कई बार गिरने के बावजूद भी
उठ खड़े हो
फिर से
चलने की जिद्द.

~

51. सुन्दर चेहरा

~

सुन्दर चेहरा नयन कटारी
कहर करें, आंखें दो धारी
नाक नक्श, मुस्कान में जैसे
नारी वो अदभुद
श्यामल तन वाली
झुमके, पायल सब अच्छा है
पर बिंदिया है सब पर भारी
बिखरी जुल्फों की कंधों से
लगती है बड़ी सच्ची यारी
जब मुस्काकर देखा उस ने
निकल गई
हाय
जान हमारी.

~

52. मोहब्बत की बारिश

~

मोहब्बत वो बारिश है
जिस की हर एक बूंद
एहसासों से
भरपूर होती है...
एहसास किसी की याद के,
एहसास किसी की बात के,
एहसास किसी की चाहत के,
एहसास किसी के ज़ज्बात के,
एहसास किसी के साथ
गुजरने वाले हर एक कल के,
एहसास किसी की खुशी भरी
मुस्कान के हर एक पल के.

~

53. किसे पता था

~

किसे पता था
कि खुशनसीबी मुझे
मिलेगी तुम्हारी
खातिर,
बिखर - बिखर के मैं
जी रहा था सम्भल
सकूँगा तुम्हारी
खातिर,
तुम्हीं हो किस्मत,
तुम्हीं हो चाहत,
तुम ही से है
मेरी
जिंदगानी,
कि ग़र नहीं जो
हुआ मैं तेरा
तो
समझो मेरी
ख़त्म कहानी.
~

54. घर तक पहुँचा दे

~

हाथ थाम कुछ कदम चला दे
थका हूँ मैं घर तक पहुँचा दे
~

भटक रहा हूँ इधर-उधर अब
ठौर - ठिकाना मुझे बता दे
~

ऊब गया अब इस दुनिया से
अपने दिल में मुझे पनाह दे
~

रात को ग़र ना साथ रहे तो
कसम खिलाकर मुझे सुला दे
~

55. हमें दिला दो आज़ादी

अनपढ़ और गँवारों से,
उनके संकीर्ण विचारों से,
इन धर्म के ठेकेदारों से,
अब हमें दिला दो आज़ादी.

~

देश को हैं जो बाँट रहे,
प्यार में नफ़रत छांट रहे,
इन सब झूठे मक्कारों से,
अब हमें दिला दो आज़ादी.

~

जो भ्रष्टाचार बढ़ाए हैं,
बस कुर्सी को गरमाये हैं,
इन जैसे नौकरशाहों से,
अब हमें दिला दो आज़ादी.

~

जो अपने कर्म को भूल रहे,
सत्ता आसन में झूल रहे,
इन सत्ता के आकाओं से,
अब हमें दिला दो आज़ादी.

56. सुकून है मिल गया

~

दिल को मेरे सुकून है मिल गया
साथ कान्हा जो तेरा है मिल गया
~

ख्वाहिशें मेरी सभी पूरी हुई अब
तुम मिले तो मुझे सब मिल गया
~

जाम का शौकीन अब हूँ मैं नहीं
तेरे नयनों का लबालब मिल गया
~

अब आ गई मेरे लबों पे भी हँसी
मन-मुताबिक साथी जो मिल गया
~

ये मेरे अच्छे कर्म का ही है फल
वरना जो चाहा है कब मिल गया
~

57. एक ख्वाब

~

आधी रात को
जब आँख खुली तो
टहलते हुए मैं बालकनी में चला गया
मैंने देखा कि जितनी गहरी रात है
उससे भी गहरी नींद में है सारा शहर
मैंने जेब से अपना पर्स निकाला
और पर्स से निकली एक तस्वीर
निहारते हुये उस तस्वीर को
मैं वहीं कुर्सी पर बैठ गया
कुछ ही देर में मैंने महसूस की
तुम्हारे बदन की वो सोंधी सी खुशबू
जो शहर के
हर एक मकान से उठ रही थी
मैंने सोचा
शायद खुदा ने भी
तुम्हीं को दे रखी है
दुनिया में मोहब्बतों के
ख्वाब बांटने की जिम्मेदारी...!

~

आधी रात को जब आँख खुली तो
मैं हड़बड़ा कर जाग उठा
मैंने उंगलियों को टटोला तो
तस्वीर की जगह कलम थी
और दूसरे हाथ में थी वो डायरी
जिस पर तुम्हारे नाम की कविता
लिखते लिखते मेरी आंख लग गई थी.

~

58. क्या कहें

~

उन के लबों का मुस्कुराना क्या कहें
जरा सी बात पर रूठ जाना क्या कहें
~

है उस कबूतर की हंसी मायूस क्यूँ
छत पे है छिटका एक दाना क्या कहें
~

चाँद तो शफ्फाफ है फिर भी यहाँ
है दाग पर मरता ज़माना क्या कहें
~

आबशार में देखे बहुत से गुलबदन
सावन की बारिश में नहाना क्या कहें
~

हैं चंद साँसें ही बची नेकी करो
मर के खुदा को मुँ दिखाना क्या कहें
~

59. चाँद-दिवाकर

~

ये दिल चुराया घात लगाकर
सब हथियाया प्यार जताकर।
~

है होश उड़े हर बार मेरे जब
तू गुज़री जुल्फें बिखराकर।
~

सुन परियों सी सुन्दर बाला
पास बुला ले गले लगाकर।
~

दूर खड़ी अनजान बनी अब
खुद सावन में आग लगाकर।
~

आ अब मुझको रोशन कर दे
बन जीवन में चाँद-दिवाकर।
~

60. हँस कर सारे ग़म

~

हँस कर सारे ग़म भुला देता हूँ मैं
तेरी गलती पर मुस्कुरा देता हूँ मैं
~

ग़र कोई जो दिल की ओर निहारे तो
अब उस को तेरा नाम बता देता हूँ मैं
~

इश्क़ मेरा रब की इबादत जैसा है
तेरे बेपर्दा होते नजर हटा लेता हूँ मैं
~

जब कभी होता है ग़म हद से ज़्यादा
तस्वीर से पहरों तक बतला लेता हूँ मैं
~

आगोश तेरा जो याद मुझे आ जाता है
तो तकिया सीने से लगा लेता हूँ मैं
~

61. ननिहाल

~

ननिहाल का वो बारिश में नहाना भूल गया
मैं उम्र के चलते नानी घर जाना भूल गया
~

सूरज खिलते ही खेल कूद में लग जाना
मैं भागदौड में वो अफ़साना भूल गया
~

मौसी के संग में बैठ कहानी वो सुनना
मामा से शाम को पढ़ने जाना भूल गया
~

वो आम के बाग में सारा दिन मस्ती करना
इस शहर में वो अनुकूल ज़माना भूल गया
~

खुदको कछुआ सबको ख़रगोश समझता हूँ
छोटे पर नाना का कहानी सुनाना भूल गया
~

62. इश्क़ में उन के

~

इश्क़ में उनके कितने सारे ख्वाब संजोए
रात भी जागी साथ में हम भी ना सोये
~

जब जब तस्वीर निहारी हमने उनकी तो
थे कभी खुशी से हँसे कभी ग़म में रोये
~

आंख मेरी नम देख कर उसने अपने भी
थे अश्कों से जाने कितने रुमाल भिगोये
~

ज़ुर्म हुआ है शायद इश्क़ के नाम पर ये
कई दफ़ा ये सोच के खुद को शूल चुभोये
~

जाने क्यूँ दिन रात मेरे दिल की धड़कन
हर साँस पर बस उसका ही नाम पिरोये
~

63. इश्क़ से अनुभव

~

दिल पर कुछ यूँ अख्तियार कर रहा है
इश्क़ से अनुभव दरकिनार कर रहा है

~

ख्वाहिश एक, मुश्किलें हजार हैं मगर
इरादों के हथियार में धार कर रहा है

~

खफ़ा है मगर कोई बोलता कुछ नहीं
हर कोई पीठ पर मेरी वार कर रहा है

~

फिरते हैं सभी बने मियां मिट्ठू यहां
फिर भी सभी का ऐतबार कर रहा है

~

ना कुछ भी बचा है अब इसका निजी
ये इंसान खुद को अखबार कर रहा है

~

64. दुनिया का दस्तूर

~

इस दुनिया का यही दस्तूर है
आदिल है जो वो मजबूर है
~

न्याय में लगता है अर्सा यहां
कानून भी यहाँ का माज़ूर है
~

खुद से ही ख़फ़ा रहते हैं सभी
अफ़वाह है, इंसान मज़्कूर है
~

किसी को ना मतलब है यहां
हर शख्स तो यहाँ मग़रूर है
~

सुना है, वो खुश हैं गैरों संग
दिल करके मेरा चकनाचूर है
~

नरमी से होनी थी, हो चुकी
अनुभव बड़ा अब महरूर है
~

65. तसव्वुर से उन के

~

अनजान रास्तों पर गुजरने चला हूँ
मैं अकेला ही बसर करने चला हूँ
~

ख्वाहिश तो बस एक कश्ती की है
कहकर के दरिया में उतरने चला हूँ
~

खुद को समेटने का वक़्त ही कहाँ है
मैं उनके ख़्यालों में बिखरने चला हूँ
~

अज़ाब जिनकी यादों का बढ़ गया है
मैं तसव्वुर से उनके निखरने चला हूँ
~

66. उस के हिज्र में

~

उस के हिज्र में उम्र तमाम निकल गई
अब हाथ से मेरे ये बात निकल गई
~

मसअला हल हो गया ख्वाबों के चलते
नींद ही न आई और रात निकल गई
~

मुद्दत बाद तो आई थी निकल कर के
छत पे पहुंचा तो बरसात निकल गई
~

हैं नज्में, ग़ज़लें ही हिस्सा जिंदगी का
रुबरु बाली तो मुलाक़ात निकल गई
~

सजाये थे कितने ख्वाब संग जिस के
उस महबूब की तो बारात निकल गई
~

67. है वहम या सच

~

है वहम या सच में कोई
रहता है मेरे आस-पास
दिन कहीं खुशहाल है
रातें कहीं रहतीं उदास

~

हैं मुश्किलें हर ओर मेरे
ना है कोई थामे जो हाथ
जिंदगी के इस सफर में
मैं ही हूँ बस मेरे साथ

~

है मतलबी दुनिया ये और
वो शख्स भी है लाजवाब
नफ़रत-ऐ-दिल हमसे और
चाहत भी हमसे बेहिसाब

~

68. जिंदगी को आज़माकर

~

जिंदगी को आज़माकर जा रहा हूँ
इश्क़ से मैं मात खाकर जा रहा हूँ
~

जी नहीं लगता है मेरा अब यहां
ये बहाना मैं बनाकर जा रहा हूँ
~

साथ कोई भी नहीं है अब मेरे
दर्द मैं अपना छुपाकर जा रहा हूँ
~

ख्वाहिश - ए - दिल थी कहानी मैं बनूँ
खुद को किस्से सा बनाकर जा रहा हूँ
~

जिंदगी की जंग मुश्किल क्या हुई
काफ़िरों सा मुंह छुपाकर जा रहा हूँ
~

69. आवारा बंजारे

कभी भीड़ है मेलों सी
कभी शांत गलियारे हैं
साथ मेरे ना चलना तुम
हम तो आवारा बंजारे हैं
~

कभी रौशनी तारों जैसी
कभी घोर अंधियारे हैं
ना ठौर ठिकाना अपना
हम तो आवारा बंजारे हैं
~

परदेशी पंछी सी फितरत
खुद मौसम के सहारे हैं
क्या रखेंगे ख़याल तेरा
हम तो आवारा बंजारे हैं
~

तुम हो इबादत इश्क़ की
हम तो चाहत के मारे हैं
साथ मेरे ना चलना तुम
हम तो आवारा बंजारे हैं

70. हर भाग में मिलूंगा

~

तेरी कहानी के हर भाग में मिलूंगा
तेरे दिल और तेरे दिमाग में मिलूंगा
~

हर रात तुझसे तेरे ही ख्वाब में मिलूंगा
पल, पहर, घड़ी मैं तेरी याद में मिलूंगा
~

जिंदगी में उजालों और अंधेरों की तरह
हर जलती शमा बुझते चिराग में मिलूंगा
~

कभी साथ छोड़ तेरा गुज़र जो गया मैं
बारिश की बूंदों सा बरसात में मिलूंगा
~

याद करके मुझको उदास तुम जो होगी
आंखों में तेरी अश्कों के साथ में मिलूंगा
~

71. पहले जैसा बुर्दबार नहीं

~

पहले जैसा बेकस, बेक़रार नहीं
मुझको उसका अब इन्तेज़ार नहीं
~

वो तो दिखा गए सब रंग अपने
मैं भी पहले जैसा बफ़ादार नहीं
~

याद जो आती तो खुश हो जाता था
पहले जैसा मुझमें रहा ख़ुमार नहीं
~

छोड़ गए हैं साथ मेरा जिस दिन से
दिल का मिलता कोई खरीददार नहीं
~

कितने जान लुटाते फिरते हैं जिस पर
क़ल्ब मेरा अब उसका उम्मीदवार नहीं
~

इस से बुरी क्या हालत होगी अब मेरी
जल्दी सोना लगता अब दुश्वार नहीं
~

सजा के रखे यादें मेरी भी दिल में
बचा कोई भी ऐसा पहरेदार नहीं

~

मौत तलाशे ढूंढे चारो ओर मुझे
रहूँ सलामत ऐसी चाहरदीवार नहीं
~

शर्म बची ही नहीं है अब मेरे अंदर
अनुभव पहले जैसा बुर्दबार नहीं
~

72. पृथ्वी का मान

है पृथ्वी जीवन, पृथ्वी माता
ये ही हमारी भाग्य विधाता
~
जन-जीवन शून्य बिन इसके
है ये ही हमारी जीवन दाता
~
ये है उद्‌गम ये ही अंत है
सारी ऋतुएं सह बसंत है
~
पृथ्वी है अनाज की दाता
पृथ्वी से ही हम जीवंत हैं
~
ये ही वृक्ष है, ये ही हवा है
इसके बिन बे-असर दवा है
~
पृथ्वी के बिन कोई नहीं है
पृथ्वी है तो ही जिन्दगी है
~
हैं इसी से खुशियां इसी से आँसू
इसकी बदौलत सूर्य और सुधासू

~

पर्यावरण संरक्षण कर के
पृथ्वी का मान बढ़ाते हैं
पृथ्वी दिवस के अवसर
पर आओ वृक्ष लगाते हैं
~

#पृथ्वी_दिवस

73. नफ़ा नुकसान

नफ़ा नुकसान चाहत का
ओ अनुभव हम ना कुछ जानें।
हमें बस उस कली का
मुस्कुराना अच्छा लगता है।।

~

कि जब खिड़की पे वो आए
हवा का रुख बदल जाए।
झुकाकर के यूँ नजरों का
उठाना अच्छा लगता है।।

~

लगाऐ आंख में काजल
और होठों पर लिपस्टिक वो।
तो उसका ये
मिजाज-ए-कातिलाना अच्छा लगता है।।

~

जो लफ्जों से निकल कर के
ह्रदय में यूँ ठहर जाएं।
हमें इस लेखनी का
वो तराना अच्छा लगता है।।

~

ये बंदिश लॉकडाउन की
ये यू.पी. पुलिस के डंडे।
हमें बेफिक्र उस के
शहर जाना अच्छा लगता है।।

~

74. गलतफहमी

~

दूरियां हमारे बीच गलतफहमीयों ने बढ़ाई हैं
कुछ हालातों ने, कुछ हमने खुद फैलाई हैं
~

जिंदगी, जान, जहान सब बातें हैं साहब
आग तो इसमें आत्मसम्मान ने लगाई है
~

मुद्दत से हुई नहीं है तुमसे गुफ्तगू कोई
लबों ने भी चुप रहने की कसम खाई है
~

सजदों में मेरी मुस्कराहट की दुआ करने वाले
तेरी खुदगर्जी के चलते मेरी जान पर बन आई है
~

75. किसलिए?

~

तुम्हें ज़ज्बात अपने हम बताएं किसलिए
भरी महफिल में नजरें हम मिलाएं किसलिए
~

अंधेरी रात है ग़म की हमारी जिंदगी
तुम्हारे नाम का दीपक जलाएं किसलिए
~

गए थे तैश में तुम बेसहारा छोड़कर
तुम्हारे दीद को हम तिलमिलाए किसलिए
~

दिल-ए-नादां को तेरे बिन कोई भाया नहीं
अब इस बंजर को रौशन घर बनाएं किसलिए
~

76. घर की चार दीवारी में

~

सुकूं को सारे शहर में हमने ढूँढ लिया।
चैन मिला बस घर की चार दीवारी में।।

~

खुशी से फिरता रहा जहां में इधर उधर।
गुज़री हर एक रात ग़म-ए-अंधियारी में।।

~

किए जतन सब तुम्हें नहीं हम भूल सके।
मिले जो फुर्सत करो नज़र आशियाने में।।

~

तुम्हारे किस्से, जरा सा ग़म और यादें थोड़ी।
बचा के रखी अभी तलक अलमारी में।।

~

77. सवाल इश्क़ है क्या?

~

सवाल इश्क़ है क्या?
ख्याल इश्क़ है क्या?
कोसते हो क्यूँ तुम इसे
बवाल इश्क़ है क्या...?
तुम तो महज
एक-तरफा आशिक हो उस के
और वो न जाने कितनों से
दिल लगा कर बैठे हैं,
उनकी चाहत में मर मिटने का
तुम को मलाल है क्या,
अजी जनाब
इश्क़ सच में बवाल है क्या...??
~

78. कहाँ रहते हो?

~

कहाँ रहते हो आज कल
मुझे सताते क्यूँ नहीं
इन्तज़ार करता हूँ छत पर मैं
तुम कपड़े सुखाने
आते क्यूँ नहीं
करता हूँ इंतजार
शाम ढ़लने का मैं
मगर तुम ख्वाबों में अब
नजर आते क्यूँ नहीं
कोई खता हुई है क्या मुझ से
या बस यूंही नाराज हो
अरे Please बताओ तो सही
आज कल मुझ से रुख मिलते क्यूँ नहीं.

~

79. तुझे याद मैं रहूँ

~

रख हाथ दिल पर तेरे
ये इजाजत माँगना चाहता हूँ,
मिल कर तुझ से
तुझे खुद के लिए माँगना चाहता हूँ.

~

तू भूल जाए सब को
मेरी बस इतनी सी इल्तिजा है,
तुझे याद मैं रहूँ उम्र भर
मैं बस इतना ही चाहता हूँ.

~

80. नींद क्यूँ नहीं आती

~

अक्सर सोचता हूँ
कि आज रात को उस को भुला दूँगा
नींद आने से पहले
उस की याद क्यूँ चली आती,
उस की यादों को
मेरे दिल में आने का
मौका मिल जाता है
कमबख्त
रात को जल्दी नींद
क्यूँ नहीं आती.

~

81. सुलह करा रही थी

मुद्दतों बाद आज
उसे देख कर अच्छा लगा,
वो आज भी ना बदली
मुस्कुराना और अच्छा लगा,
वो मासूम सी लडकी
उस छोटी सी बिंदी में
कमाल लग रही थी,
अल्फाजों की भाषा में कहूं तो
खूबसूरती की
मिसाल लग रही थी,
वो अपनी दिलकश अदाएं
कुछ इस कदर दिखा रही थी,
मानों जुल्फों और चेहरे के बीच
सुलह करा रही थी,
कुछ इस कदर मेरा दिल
उस की नजरों का
गुलाम हो रहा था,
मानों सरेआम बीच बाजार
मेरा कत्लेआम हो रहा था.

82. लफ़्ज़ों से परे

अरे सुनो...
वो मैं ये कह रहा था कि
मैं ना मोहब्बत से थोड़ा दूर रहता हूँ,
नफ़रत नहीं है
बस दिल टूटने से डरता हूँ.
चाहत है कि मुझ पर भी कोई अपनी जान वारे,
रुक जाता हूँ देख कर आसमान में टूटते सितारे.
ये सच है कि सच्ची मोहब्बत कभी पूरी नहीं होती,
पर जिंदगी में आशिकी इतनी भी जरूरी नहीं होती.
मैं आज भी मोहब्बत से ज्यादा
दोस्ती पर ऐतबार करता हूँ,
लफ़्ज़ों से परे है जो
हाँ मैं तुम से एकतरफ़ा प्यार करता हूँ.
आज कलम बस में नहीं है मेरी
इसीलिए आगे अब बस
इतना ही कहना चाहता हूँ,
माना मोहब्बत करता हूँ लेकिन
मैं बस तुम्हारा
Best Friend ही रहना चाहता हूँ.

83. स्कूल वाला प्यार

आज मिला उस से एक अर्से बाद
तो फिर से याद आया
वो स्कूल वाला प्यार
ताकना उसे खिड़कियों से,
इंतज़ार गली के बाहर क़रना,
लगाना चक्कर उसके स्कूल और कोचिंग के,
फिर क्लास में अचानक से टकरा कर मिलना।
देखना लगातार उस के चेहरे को,
नज़र मिलते ही हकबका कर ऊपर देखना,
सुनाना ज़ोर-ज़ोर से गाने गाकर,
और उसकी हँसी को ख़ामोशी से सुनना।
कर ले बात अगर वो किसी लड़के से,
तो उस लड़के को
बाहर मिलने की धमकी देना,
अगर कभी भूल जाए वो होमवर्क करना,
तो अपनी किताब उसे देकर
खुद सज़ा भुगतना।
सच में,
उस स्कूल वाली मोहब्बत की
बात ही कुछ और थी.

84. आवाज़ नहीं कोई

~

कल पूछ लिया किसी ने
यूँ ही अनजाने में
कैसे हो तुम ?
कहा हम ने
हँसते बहुत हैं
मुस्कुराते कम हैं,
रोते नहीं बस आँखें नम हैं,
कहते बहुत हैं
बस कुछ बात नहीं होती,
दिन तो ढल जाता है
पर रात नहीं होती,
सवाल सी ज़िन्दगी है
जवाब नहीं कोई,
शोर तो बहुत है
उस की आवाज़ नहीं कोई.

~

85. वो भाई है मेरा

~

बचपन में मुझे चलना सिखाया है,
उस ने मुझे गोद में सुलाया है,
वो भाई है मेरा
जिस ने मुझे कंधे पर बिठा कर
ये जहाँ घुमाया है.

~

मैं शैतानी करूँ
तो ताऊ-ताई से मेरी डाँट पड़वाता है,
मेरे लिए वो गली के
बुरे लड़कों से भी भिड़ जाता है,
वो भाई है मेरा जो मेरी खातिर
किसी से भी लड़ जाता है.

~

मस्ती करे साथ में मेरे,
कभी-कभी पापा के जैसे सब समझाए,
वो भाई है मेरा
जो मेरे लिए मेरा गुरु भी बन जाए.

~

भाई छोटा हूँ मैं उस का पर
उस ने मुझे पलकों पर बिठा कर
बड़ा महसूस कराया है,
वो भाई है मेरा
जिस ने मेरी छोटी-सी कामयाबी पर भी
सब से ज़्यादा शोर मचाया है.

~

मैंने उसे मेरा हौसला बढ़ाते
हर पल अपने पीछे खड़ा पाया है,
वो भाई है मेरा जिस ने
मेरे हाथों पर क़लम को बिठाया है.

~

कुछ छुपाता हूँ उस से
तो न जाने कैसे जान जाता है,
मेरे मन की बात
एक पल में पहचान जाता है,
वो भाई है मेरा
जो मेरे बोलने से पहले ही
मेरा चेहरा देख कर मेरी फ़रमाइश जान जाता है.

~

कभी मेरी मुस्कुराहट की वजह बन जाए,
कभी अनसुलझी राह में मेरा हौसला बंधाए,
वो भाई है मेरा
जो बिना जताए मुझ पर अपनी दुनिया लुटाए.

86. मेरी बहन

~

टूटता है हौसला जब भी मेरा
या जिंदगी कोई बबाल देती है,
परिस्थित चाहे कैसी भी हो
मेरी बहन मुझे सम्भाल लेती है.

~

मस्ती करती साथ में मेरे
शरारत में निभाती बराबर की हिस्सेदारी है,
बचाती पापा की डांट से मुझ को,
थोड़ी नकचिढी है, पर जैसी भी है बहुत प्यारी है.

~

मेरी गर्लफ्रेंड की भी खबर है उस को,
मेरे सारे राज वो छुपाकर रखती है,
हाँ काम ना करूँ उस का कोई
तो जरा जरा सी बात पर मुझे धमकाती है.

~

ख्याल रखती है मेरा खुद से भी ज्यादा
कभी कभी तो मुझ से गुस्सा भी हो जाती है,
मुझ से लड़ती है झगड़ती है
कभी कभी तो नाराज हो कर भी प्यार जताती है.

~

~

जो बोले मुझ से कोई भी गलत
तो ना कर पाती वो सहन है,
वास्तव में मेरी मुस्कराहट की वजह
सिर्फ मेरी बहन है.

~

87. लिखना और मिटाना

~

कुछ लिखना और मिटाना
जीवन पथ पर बढ़ते जाना
कुछ पाने की ख्वाहिश रखना
खोने की गुंजाइश रखना
आँधी में लौ डग-मग हो
तो पत्थर पर फूल खिलाना
कुछ लिखना और मिटाना !!

~

सोचा है जो, वो सब कुछ होगा
और सोच से भी बेहतर होगा
तुम लक्ष्य पे अपने दृढ़ रहना
आलोचक को मत कुछ कहना
बस धैर्य का दामन थाम के
जीवन पथ पर बढ़ते जाना
कुछ लिखना और मिटाना !!

~

४४. सुन ना मेरे यार

~

भीड़ की मुझे जरूरत नहीं
ना ये पंडित किसी काफिले का तलबगार है,
मुकम्मल मानता हूँ खुद को जिस की बदौलत मैं
वो तो मासूम सी शक़्ल का कमीना मेरा यार है.

~

तेरे बिना कोई वजूद नहीं मेरा
एक तेरी दोस्ती पर ही तो मुझे गुमान है
हमारी इतनी पुरानी दोस्ती को
चंद लफ़्ज़ों में बयां करना,
थोड़ी ना कोई आसान काम है.

~

वो मस्ती करना साथ में तेरे
क्लास बंक कर के घूमने जाना
क्या तुझे ध्यान है,
वो चंदे के पैसे से चाट पकौड़ी खाना
मानो उस चाय की ठेली पर
अपनी दोस्ती का भी एक मकान है.

~

~

दोस्त तुझे कहने पर
कभी कभी प्रश्न चिन्ह लग जाता है,
महज़ दोस्त ही नहीं भाई है तू मेरा
हर बार यही परिणाम आता है.

~

तेरी यारी है मेरा ईमान है,
तेरे बिन जैसे हर पल बेईमान है,
तू जरूरी कुछ इस कदर मुझ को
जैसे उड़ते परिंदे को जरूरी आसमान है.

~

दूर जाता है तू
तो घबरा सा जाता हूँ मैं
खुद में ही कहीं
गुमराह हो जाता हूँ मैं
हर पल निभाऊगां साथ मैं तेरा
कसम है तुझ को
छोड़ना ना कभी
हाथ तू मेरा.
"सुन ना मेरे यार"

~

89. पिता का निश्वार्थ प्रेम

~

जो हर सुबह
तुम्हारी मुस्कराहट की खातिर
बीमार होने के बावजूद काम पर जाता है,
तुम्हारी सारी ख्वाहिशें पूरी करने को
जो अपना दिन रात एक कर जाता है,
आज मैं उस के बारे में कुछ शब्द कहना चाहता हूँ,
आओ तुम्हें एक थके हुए बाप की कहानी सुनाता हूँ.

~

दिन भर की भागदौड़ के बाद
थका हारा शाम को जब घर आता है,
राशन कम होने पर मुझे भूख नहीं है
कह कर ऐसे ही सो जाता है,
परिवार के प्रति उसकी चाहत को
तुम सब को समझाता हूँ,
आओ तुम्हें एक थके हुए बाप की कहानी सुनाता हूँ.

~

जो सारे घर की जिम्मेदारियों को
अपने कंधों पर उठा के रखता है,
खुद की परवाह ना करते हुए
सारे घर को सम्भाल के रखता है.

उस के दिल के ज़ज्बात,
अनकहे हालात तुम तक पहुँचाता हूँ,
आओ तुम्हें एक थके हुए बाप की कहानी सुनाता हूँ.
~

खुद एक पुरानी शर्ट में गुजारा करने वाला
होली, दिवाली बच्चों को नए कपड़े दिलाता है,
खुद अनपढ़ होने के वाबजूद अपने बच्चों को
पढ़ा लिखा कर अफसर बनाता है,
उसके इस निःस्वार्थ प्रेम की हकीकत
आज तुम को भी दिखाता हूँ,
आओ तुम्हें एक थके हुए बाप की कहानी सुनाता हूँ.
~

बच्चे बड़े हो कर, पढ़ लिख कर
जब किसी लायक हो जाते हैं,
तो उन की शादी कर नाती पोते खिलाने के
जो हसीन सपने सजाता है,
वो एक बाप ही होता है जो अपना सारा जीवन
परिवार की परवरिश में ही लुटाता है.
~

शब्दों में कैसे बयां कर सकता हूँ
पिता की अच्छाई को,
ये तो वो शख्स है जो पीछे छोड़ दे
खुदा की खुदाई को...!!

90. तेजाबी मोहब्बत

~

मोहब्बत में हद तक जाना जायज है,
पर उसे नुकसान पहुंचाना कहाँ का कायदा है,
तुम पा नहीं सके उसे तो जला दोगे ??
भला इस हैवानियत से तुम्हारा क्या फायदा है.

~

तुम उस की देखभाल, सुरक्षा कर
महसूस कराओ उसे मोहब्बत अपनी,
हासिल ना कर सके उसे
तो उजाड़ना उसकी जिन्दगी कहाँ का कायदा है,
भला इस हैवानियत से तुम्हारा क्या फायदा है.

~

जो फूलों सी कोमल,
खूबसूरती की मिसाल हुआ करती थी कभी,
दीदार की हैसियत नहीं तुम्हारी
तो उसका चेहरा बिगाड़ना कहाँ का कायदा है,
भला इस हैवानियत से तुम्हारा क्या फायदा है.

~

~

देख आईना अपनी जुल्फों को
सजाया करती थी जो कभी
उस मासूम की मुस्कराहट छीन ली तुम ने,
किसी के करीब जाने से भी घबराने लगी है
एक ना के कारण
उस का संसार उजाड़ना कहाँ का कायदा है,
भला इस हैवानियत से तुम्हारा क्या फायदा है.

~

जब करते है हैवानियत ये लोग
तो समाज उन्हें रोकने की जगह तमाशा देखता है,
आज अपनी आँखों के सामने देख हादसा
कल मोमबत्ती लेकर खड़े हो जाना कहाँ का कायदा है,
भला इस दिखावे की सांत्वना से तुम्हारा क्या फायदा है.

~

"उस परी सी बच्ची की नींदों में
चाहत के नाम पर
एक ख्वाब फेंक कर आया है,
अपनी मोहब्बत साबित करने को
एक लफंगा उस पर तेजाब फेंक कर आया है"

~

91. इश्क़ की दास्तान

जो मैं अक्सर लिखता, बोलता, गुनगुनाता हूँ,
आओ अपने इश्क़ की दास्तान
आज तुम को भी सुनाता हूँ.
~

बैसे मेरी कोई गर्लफ्रेंड् नहीं है
क्युकी मैं दोस्ती पर ऐतबार करता हूँ,
हाँ मगर मेरी एक दोस्त ऐसी भी है
जिससे मैं महज़ एकतरफ़ा प्यार करता हूँ.
~

वो मेरी सबसे अच्छी दोस्त है
जिस के लिए मेरी हर एक बात
बहुत अहम होती है,
मैं झगड़ के उससे रूठ जो जाऊँ
तो मनाने को मुझे क्यूट सा मुँह
बना कर रोती है.
~

फिक्र करती है वो मेरी माँ की तरह,
बात ना मानू उस की तो मुझ से
गुस्सा भी हो जाती है,
लापरवाही करूँ जो खान पान में
तो छोड़ जाने के साथ साथ
कसम देकर भी धमकाती है.

~

दिल के जज्बातों को समेट अपनी मोहब्बत को
कुछ इस कदर दफ़नाता हूँ,
मैं उसके सामने खड़ा
अपने आंसुओं को थाम
बड़ी शिद्दत से मुस्कुराता हूँ.

~

महज इस एकतरफा इश्क़ को छोड़
मैंने सारे राज उसको बयां करे हैं,
किस्मत वाला हूं मैं
जो मिला मुझे ये एहसास
जो लफ्जों से परे है.

~

आज कलम बस में नहीं है मेरी
इसीलिए आगे अब बस इतना ही कहना चाहता हूँ,
माना मोहब्बत करता हूँ लेकिन
मैं बस उस का
Best Friend ही रहना चाहता हूँ.

92. एकतरफ़ा मोहब्बत

एक रोज़ अकेले में
मेरा दिल यूँ ही मुझ से पूछ बैठा,
ख़्यालों मे तेरे अक्सर
ये चेहरा किसका आता है,
तू किस की याद में अक्सर
यूँ पहरों खो सा जाता है,
तेरी नींदे, तेरे सपने
उड़ा कर ये कौन ले जाता है,
वो शख़्स कौन है
जो अक्सर तेरे जहन में जो समाता है.

~

तू आशिक तो नहीं उस का
फ़िकर क्यूँ इतनी करता है,
उस को ख्याल तक नहीं है तेरा
फिर क्यूँ उस के लिए मारता है.

~

मैं बोला अपने दिल से...
सुन बे पगले,
ख़्यालों मे मैं भी आता हूँ उस के
हाँ ये बात अलग है कि वो हर रोज
मुझे ख्यालों सा ही भुला देती है,
याद मैं भी आता उसे हर रोज

हाँ ये बात अलग है कि वो महज इसे
इत्तेफाक समझ कर अनदेखा कर जाती है.
~

नींदे उस की भी उड़ी हैं,
चैन उस का भी गया है
हाँ ये बात अलग है कि ऐसा सिर्फ
मुझ को ही लगता है.
~

किसी और का जिक्र करता हूँ
तो जलती है पर बताती नहीं,
मोहब्बत वो भी मुझ से करती है
पर जताती नहीं.
~

इश्क़ से नफरत है उसे
या मजबूरियों ने रोक रखा है,
खैर जो भी हो
मेरे एक तरफा प्यार को वो ठुकराती नहीं.
~

कभी कभी जहन में आता है कि कर दूँ
सरेआम इज़हार ए मोहब्बत,
पर इनकार की मोहर से तो
ख्वाबों सा कोरा कागज ही बेहतर है,
और बैसे भी उस सोना बाबु वाले प्यार से तो
ये #Onesided_Love ही Better है.

93. डिजिटल हुआ ज़माना

~

नन्हें मुन्ने बच्चों का
हर शाम पार्क में खेलने जाना,
Youtube, Instagram Reels ने चुरा ली
वो पहले वाली मस्ती और वो हसीन फ़साना,
भईया डिजिटल हुआ ज़माना...!!

~

वो दोस्तों के साथ बेखौफ
बारिश में छत पर नहाना,
फिलिंग Rainy With 28 Others ने चुरा लिया
वो पहले वाला याराना,
भईया डिजिटल हुआ ज़माना...!!

~

वो बसंत पंचमी पर खरीदने
मांझा और पतंग
दो महीने पहले से ही पैसे बचाना,
अभी तो बहुत Time है
तब तक रिचार्ज ही करा लेता हूँ ने चुरा लिया
वो बचपन वाला फ़साना,
भईया डिजिटल हुआ ज़माना...!!

~

वो बच्चों का किताबों से भरा बस्ता
उठाकर रोजाना स्कूल को जाना,
अब तो लैपटॉप की
ऑनलाइन पढ़ाई ने चुरा लिया
वो मौज वाला ज़माना,
भईया डिजिटल हुआ ज़माना...!!

~

वो शाम होते ही सारे बच्चों का
गली में खलने आ जाना,
अब तो PUBG जैसे गेम्स के बीच
कहीं खो सा गया वो ज़माना,
भईया डिजिटल हुआ ज़माना...!!

~

वो टूर प्लान करना Family के साथ
फ्रेश करने को Mind कहीं घूमने जाना,
अब Facebook Live और Photos Coick करने में ही
उलझ के रह गया सफर वो सुहाना,
भईया डिजिटल हुआ ज़माना...!!

~

वो हॉस्टल में दोस्तों के साथ मिल कर
कुछ शानदार खाना पकाना,
अब Zomatto पर ऑर्डर कर देता हूँ ने चुरा लिया
वो यादगार फ़साना,
भईया डिजिटल हुआ ज़माना...!!

~

हजार तो नहीं केवल गिनती के चार थे
पर जितने भी थे यार हथियार थे,
अब तो Long Distance Friendship में ही फँस गया
वो दोस्ती का फ़साना,
भईया डिजिटल हुआ ज़माना...!!

~

मोहब्बत भी अब वो शिद्दत वाली नहीं रही,
Social Media के हर App पर
दो-चार से चलता है याराना,
भईया डिजिटल हुआ ज़माना...!!

~

94. हमारे दरमियाँ

~

काश हमारे दरमियाँ भी
कुछ फिल्मी सा हो जाए,
भटकते हुए कभी हम
एक दूसरे से टकरा जाए,
झटक कर तेरे हाथों से
किताब गिर जाए,
उसे उठाने को हम झुकें
तो हमारे सिर टकरा जाए,
फिर उठते हुए
तेरी चुन्नी का कोना
मेरे बटन में फँस जाए,
तुम तिरछी नजर से मुझे देखो
और हम एक-दूजे में खो जाए.

~

95. एक ख्वाहिश

~

मेरी एक ख्वाहिश है
तुम्हारे गालों से जुल्फों को हटाने की.
~

हाँ मेरी एक ख्वाहिश है
तुम्हारा हाथ पकड़ के आँखों में डूब जाने की.
~

हाँ मेरी एक ख्वाहिश है
तुम्हारी गोद में सिर रख के सुकून से सो जाने की.
~

हाँ मेरी एक ख्वाहिश है
हर समय तेरे चेहरे पर मुस्कुराहट देखने की.
~

हाँ मेरी एक ख्वाहिश है
तेरे सो जाने के बाद
तेरे बालों में उंगलियां फेरते हुए
सारी रात तुझे निहारने की.
हाँ मेरी एक ख्वाहिश है नामुमकिन सी.
~

96. ग़र मैं कहूँ

~

सुनो ,
ग़र मैं कहूँ
कि मुझे तुम्हारी मुस्कुराहट पसंद है,
तो मेरी बातें सुन कर खुल के मुस्कराओगी क्या...?
~

या ग़र मैं कहूँ
कि मुझे तुम से लड़ना पसंद है,
तो मुझ से बेवजह यूँही झगड़ा करोगी क्या...?
~

या ग़र मैं कहूँ
कि मुझे तुम्हें मनाना पसंद है,
तो छोटी छोटी बातों पर मुझ से
रूठ के मुहँ फुलाओगी क्या...?
~

या ग़र मैं कहूँ
कि मुझे तुम से झूठ बोलना पसन्द है,
तो हर बार कसम दे कर
मुझ से सच उगलवाओगी क्या...?

~

या ग़र मैं कहूँ
कि मुझे तुम्हें देखना अच्छा लगता है,
तो मेरे लिए अपनी जुल्फों को
अपने चेहरे पर सजाओगी क्या...?

~

या ग़र मैं कहूँ
कि मैं तुम्हारे लिए कुछ भी कर सकता हूँ,
तो मेरे लिए तुम इस दुनिया से लड़ पाओगी क्या...?

~

या ग़र मैं कहूँ
कि मुझे तुम से इश्क़ हो गया है,
तो तुम भी मुझ पर मोहब्बत लुटा पाओगी क्या...?

~

या ग़र मैं कहूँ
कि ऊपर लिखी सारी बातें झूठी हैं,
तो इस बार मेरा यकीन कर पाओगी क्या...?

~

97. हाँ ये मोहब्बत है

~

वो तेरी एक झलक पाने को
दिन रात भगवान को मनाना,
वो तेरे इंतजार में
यूँ पालकों को बिछाना,
वो तेरे फ्लॉप जोक पर भी
मेरा खुल के मुस्कराना,
वो मेरा हर बार बाजार
तेरी गली से ही होकर जाना,
वो तेरी cute सी smile देख कर
मेरा पल में पिघल जाना,
वो ग़र तू कर ले बात
किसी और लड़के से तो
मेरा जलन से मर जाना,
हाँ ये मोहब्बत है.

~

98. याद है क्या तुम्हें ?

~

तुमसे मतलब?
अक्सर मुँह फुला कर गुस्से में
मुझ से कहा करती थी तुम,
जब दुखाता था दिल कोई तुम्हारा
तो सब को बुरा बना कर
मुझे ही अच्छा बताया करती थी तुम,
याद है क्या तुम्हें...?

~

वो अपने दिन भर के
अच्छे बुरे सारे किस्से
कितनी शिद्दत से मुझे
सुनाया करती थी तुम,
कोई भी प्रॉब्लम होने पर
सब से पहले मुझ से ही
मदद मांगने आया करती थीं तुम,
याद है क्या तुम्हें...?

~

~

मेरी खैरियत के लिए
इबादत में पहरों
सिर झुकाया करती थी तुम,
जब मैं तुम्हें इग्नोर कर
किसी और से बात करता था
तो मुझ से बच्चों की तरह
रूठ जाया करती थी तुम,
याद है क्या तुम्हें...?

~

वो मेरे डिनर बाले झूठ को पहचान
आधी रात को कसम दे कर
खाना खिलाया करती थी तुम,
आती थी कोई भी मुसीबत
जो मुझ पर तो मेरी ढाल बन
हर दफा मुझे बचाया करती थी तुम,
याद है क्या तुम्हें...?

~

शायद तुम भूल गई होगी.

99. उस को इश्क़ नहीं

~

देखते ही जिसका चेहरा, नींदें मेरी खो गई थीं,
बोला उससे कुछ नहीं, पर बात सारी हो गई थी.

~

मैं उस की हर एक छोटी से छोटी बात को
बहुत अहमियत देता हूँ,
शायद कुछ पल मुझ से बात कर के
वो भी हैप्पी रहती है.

~

फ़िक्र करता हूँ हर पल उस की
जैसे वो कोई छोटी बच्ची हो,
शायद वो भी याद में मेरी
रात को जागा करती है.

~

उस को इश्क़ नहीं है मुझ से
इस में उस का न कोई दोष है,
शायद इस एकतरफ़ा मोहब्बत ने तो
उड़ा रखा बस मेरा ही होश है।

~

100. जो भी हूँ-जैसा भी हूँ

~

मान लिया थोड़ा बुद्धू सा हूँ
मान लिया थोड़ा नादान सा हूँ
हाँ, पागल सा हूँ
~

पर जो भी हूँ, जैसा भी हूँ,
तुम्हारा ही तो हूँ
तुम्हारी मासूम आँखों का हूँ
तुम्हारी प्यारी बातों का हूँ
~

माना कि कभी-कभी समझ नहीं पाता
माना कि कभी तुम्हें अच्छे से समझा नहीं पाता
माना कि डर जाता हूँ
माना कि कभी-कभी कुछ ज़्यादा ही कह जाता हूँ
~

पर जो भी हूँ, जैसा भी हूँ,
बस तुम्हारा ही हूँ
तुम बात न करो तो आधा-अधूरा सा हूँ
तुम डाँट दो, चाहे मार लो, पर बात करो.
~

~

नहीं बता पाता मैं अपनी बात
नहीं दिखा पाता मैं अपने जज़्बात
माना कि मैं इतना अच्छा नहीं
माना कि मैं सच्चा नहीं.

~

तुम्हारी आँखों में डूब जाऊँ मैं
तुम्हारे लबों को चूमना चाहूँ मैं
तुम्हारी ज़ुल्फ़ों में उलझ सा जाऊँ मैं
तुम्हारी मुस्कान में जीना चाहूँ मैं.

~

तुम मुस्कुरा के जो मेरा हाथ थाम लो
तो उस पल में रुक सा जाऊँ मैं
तुम्हारी बाहों में सिमटना चाहूँ मैं
तुम नाराज़ हो तो मनाना चाहूँ मैं
माना कि तुम्हारा ही होना चाहूँ मैं
जो भी हूँ, जैसा भी हूँ
बस तुम्हारा ही हो के रहना चाहूँ मैं.

~

101. तेरी शमशीर चूमूंगा

~

तेरी आंखों को चूमूंगा, तेरे हाथों को चूमूंगा,
तू मेरे पास ना होगी, तेरी यादों को चूमूंगा.

~

तेरे माथे को चूमूंगा, तेरी बिंदिया को चूमूंगा,
तेरे ख्वाबों में आकर मैं तेरी निंदिया को चूमूंगा.

~

तेरी खुशबू को चूमूंगा, तेरी सांसो को चूमूंगा,
जो तेरी आंखों से आएं, तेरे आंसू को चूमूंगा.

~

तेरे गजरे को चूमूंगा, तेरे बालों को चूमूंगा,
शर्म से लाल रहते जो तेरे गालों को चूमूंगा.

~

तेरा दीदार चूमूंगा, तेरी तस्वीर चूमूंगा,
तू जिस रस्ते निकल जाए, तेरी शमशीर चूमूंगा.

~

102. मुझे सुला दे

~

हाथ थाम कुछ कदम चला दे
थका हूँ मैं घर तक पहुँचा दे
~

भटक रहा हूँ इधर-उधर अब
ठौर - ठिकाना मुझे बता दे
~

ऊब गया अब इस दुनिया से
अपने दिल में मुझे पनाह दे
~

रात को ग़र ना साथ रहे तो
कसम खिलाकर मुझे सुला दे
~

103. पसंदीदा किताब

~

अपने दिन के हर एक पहर में
सोचता तुम्हीं को हूँ सिर्फ मैं
यकीन न हो तो
पूंछ लो कोई सवाल
अपने एक-एक मिनट का
बखूबी हिसाब दे सकता हूँ,
तोहफे में
महंगी साड़ी तो नहीं
हाँ पर तुम्हें अपनी
पसंदीदा किताब दे सकता हूँ.

~

104. फ़ालतू की बातें

~

कुछ देर अपने कमरे में
इस छोर से उस छोर
टहलते रहना ज्यादा अच्छा है,
सारी रात
किसी के ख़यालों में
भटकते रहने की तुलना में।
ख़याल,
ख़्वाब,
बातें,
वादे,
इश्क़,
शब्द,
आस,
उपहास,
सवाल
और फिर मलाल
सब फ़ालतू की बातें हैं।

105. अरे सम्भाल के (Story)

कितनी बार बोला है ख्याल रखा करो अपना
पर उस को खबर ही कहाँ है अपनी
वो तो बस मशगूल है, किसी की चाहत में...
और चाहत ऐसी कि उस के साथ साथ
उससे जुड़ी हर एक चीज का
बख़ूबी ध्यान रखती है...!
~

पिछले साल की बात है
वो कोचिंग में पढ़ते समय ऐसे ही अपने पेन को अपने
होंठों से लगाकर बैठा था तो इस पागल ने उस से
लड़कर उसका पेन छीन लिया और अब तक
सम्भाल कर रखा है अपनी जान की तरह...!
~

बहुत कोशिश करता है इसको समझाने की,
कि ख्याल रखा कर अपना पर ये लापरवाह है
कि मानने को तैयार ही कहाँ है
फिर एक दिन उस लड़के ने सोचा कि मुझ से जुड़ी
हर एक चीज बहुत अहम है ना इस पागल लिए
और वो पेन बाला किस्सा...
तो क्यूँ ना कुछ और ट्राय कर के देखा जाए...!

~

एक दिन की बात है...
कोचिंग में वो अकेले बैठी थी...
उन दोनों के अलावा वहां और कोई भी नहीं था
उसने सोचा मौका अच्छा है
ये लापरवाह बैसे तो मानती नही है बात...
तो क्यूँ ना आज कुछ नया किया जाए...!
~

वो अपनी जगह से उठा और उसके
पास कॉपी लेने के लिए गया...
कॉपी लेते समय एक दो बार आस पास देखा
और फिर जल्दी से आनन फानन
में उसके माथे को चूम लिया...
और भाग के अपनी जगह पर आकर बैठ गया...!
~

वो अचंभित थी कि ये क्या, क्यूँ और कैसे हुआ...
और शर्माती नजरों से उसकी तरफ मुस्कराते हुए देखा...
पहले वो भी शरमाया फिर हंस कर बोला...
ख्याल रखती हो ना उस पेन का
जिस को मैंने बस छुआ था...
~

तो ख्याल रखना अब अच्छे से
इस पागल लड़की का जिस के
माथे को अभी चूम कर आया हूँ.

106. आत्मसम्मान

~

अपने किरदार को ढालना
कुछ इस कदर
कि परिस्थितियों के अनुरूप
तुम कर सको खुद में वे सभी बदलाव,
जिन के कारण तुम्हें सहना पड़ता है
मानसिक तनाव.
तुम्हारा सहनशील होना काफी नहीं है,
ये सहनशीलता ही शत्रु है तुम्हारी,
तुम से मिलने वाला हर एक व्यक्ति चाहेगा
कि तुम उसकी भांति ही व्यवहार करो,
तुम करना वो सब जो कर सकते हो
उनकी और अपनी खुशी के लिए
लेकिन इस सब के बाद भी अगर
तुम्हें नजरअंदाज किया जाए
या किया जाए तुम्हारा तिरस्कार
तो तुम देना श्रेष्टता
अपने आत्मसम्मान को.

~

107. लड़के

~

जब लड़के
बाहर पढ़ने जाते हैं
तो उस समय उन्हें
ये तो बता दिया जाता है
कि ज्यादा नए दोस्त मत बनाना
वहाँ ज्यादा घूमने मत जाना
पढ़ाई करना अच्छे से
अपना ध्यान कहीं और मत भटकाना,
पर वो ये नहीं बताते
कि जब खुद को अकेला महसूस करें
तो क्या करना है,
कोई बात अगर परेशान करे
और उन्हें सुनने वाला
कोई न हो तो क्या करना है,
वो ये नहीं बताते
कि जब हौसला डगमगा रहा हो
तो क्या करना है.

~

~

वो बस बताते हैं वो बातें
जो दिलाती हैं एहसास
उन जिम्मेदारियों का जिन को
पूरा करने के लिए वो बाहर हैं.
लड़कों का सबसे बड़ा गुरु
परिस्थितियां है
परिस्थितियों की चुनौतियों से
सीखने वाला ही
अपने लक्ष्यों को प्राप्त करता है....!!
और हाँ, लड़के भी रोते हैं
अगरसमय मिले
तो अपने दोस्त, भाई, बेटे के साथ
घुलने मिलने की कोशिश करें
वो भी बताना चाहते हैं
अपने मन की बातें
उन्हें अच्छे मित्र की तरह
सुनें, समझें और समझायें
कि परिस्थितियों की चुनौतियों से
कैसे लड़ना है....!!

~

108. मित्रता

~

मुद्दा ये नहीं
कि आप
किसे अपना मित्र मानते हैं
मुद्दा ये है
कि आप को कौन अपना मित्र मानता है
मित्र वो नहीं जिस के साथ आप हंसते हैं,
मित्र वो है जो आप के रोने पर रोता है,
अगर कोई इंसान आप को
गलत कामों को करने के लिए
प्रेरित करता है
तो वो आप का मित्र हो ही नहीं सकता,
क्यूंकि मित्र तो वो होता है
जो आप को सही और गलत का फर्क दिखाए,
आपको गलत काम ना करने के लिए प्रेरित करे.
समुद्र की लहरों की भांति
तीव्रता से भागती समाज की इस विचारधारा के
अनुसार हर एक व्यक्ति जो आप के साथ
आप की खुशियों के समय खड़ा होता है
हम उसे अपना मित्र मान बैठते हैं,
परंतु वास्तविकता में ऐसा नहीं है

~

~

मित्र वो है जो आप की
खुशियों में चाहे ना भी हो
पर आप के दुखों में हमेशा खड़ा रहे.
जिस के होने से आप खुद को सशक्त महसूस करें.
जो रखता हो आप की हर समस्या का समाधान.
जो समझता हो आप को,
आपकी बातों को.

~

109. सफलता का स्टेशन

~

ज़िंदगी बिल्कुल
भारतीय रेल के सफ़र जैसी है,
सफ़र में सभी यात्री होते हैं,
पर जिस की मंज़िल आ जाती है
वह उतरता रहता है,
बाकी यात्री अपने सफ़र में ही रहते हैं
मंज़िल के आने तक...!

~

मंज़िल सभी की आती है
हाँ, कुछ लोगों को सीट मिल जाती है
और कुछ लोगों को खड़े हो कर
अपना सफ़र तय करना पड़ता है.

~

वे लोग जिन्हें सीट मिल जाती है
और जो आराम से बैठ कर जाते हैं,
ये वही लोग होते हैं
जो हमारे दोस्त, रिश्तेदार,
आस-पड़ोस के लोग होते हैं,
जो हमारे साथ ही सफ़र में होते हैं
वास्तविक ज़िंदगी के सफ़र में.

~

~

जिन्हें देख कर हम यह सोचते हैं
कि काश हमारी ज़िंदगी भी इस की तरह होती,
बिल्कुल बिना संघर्ष,
एक अच्छी सीट की तरह...!

~

बचे हुए जो लोग खड़े होते हैं,
वे लोग ज़िंदगी के सफ़र में
मंज़िल पाने के लिए
कुछ मुश्किलों, कुछ परिस्थितियों से
लड़ रहे होते हैं.

~

सफ़र आरामदायक हो या मुश्किल भरा,
आख़िर में मंज़िल सभी को मिलती है.

~

अगर आपको अभी तक
आपकी मंज़िल नहीं मिली है
तो आप अभी सफ़र में ही हैं
धैर्य रखिए,
आपका स्टेशन भी
जल्द आएगा दोस्त.❤

~

110. तुम्हारा आईना (संवाद)

सुनो,
तुम अब बदल सी गई हो
मैं ढूँढता हूँ तुम्हारे अंदर
उस लड़की को
जो महज मजबूत होने का
दावा मात्र ही नहीं करती थी
बल्कि लड़ जाया करती थी
अपनी तमाम छोटी बड़ी परेशिानयों से,
जिसे अच्छे से पता होता था
किस परिस्थिति से कैसे निपटना है...!
~

मैं अक्सर ढूँढता हूँ
तुम्हारे अंदर उस लड़की को
जो चलते फिरते यूँ ही
मुस्कुरा दिया करती थी,
जिसे खुद के सिवाय
किसी से भी मतलब नहीं रहता था,
अब ऐसा क्या हार बैठी हो
जो चलते चौराहे पर खड़ी हो हर राह को
एक दम शांत स्वभाव से निहारती रहती हो...!

~

क्यों परेशान हो
समय है, लोग हैं, बदलते रहते हैं
और बचपन में भी तो पढ़ा था ना
याद है या फिर भूल गईं वो भी
उन बचपन वाली शरारतों की तरह,
कि "बदलाव तो संसार का नियम है"
इतनी सी बात
समझ में क्यों नहीं आती है तुम्हारे...!

~

ऐसा क्या पा लिया था
जो हर जगह
उसी को ढूँढती रहती हो,
कितनी बेशर्म हो तुम
इतना ही गुस्सा है
तो फिर कर सकती हो
तो नफरत करो ना
क्यों प्यार बांटती फिरती हो
थोड़ी सी तो बुरी बनो,
रिऐक्ट करो लोगों पर
फिर भी बात ना बने तो
एकाध चीज़ तोड़ फोड़ लो
जैसे बचपन में किया करती थी...!

~

~

आखिर चाहती क्या हो
ज़माने से
और चाहती ही क्यों हो
जो चाहती हो वही नहीं मिलेगा
अभी ही सुन लो
कुछ भी मन मुताबिक ना मिलने पर
मुँह क्यों नहीं बनाती हो
जैसे बचपन में बना लिया करती थी...!

~

तुम पहले ज्यादा अच्छी लगती थी
जब मुझ से घंटों बातें किया करती थी
तरह-तरह के कपड़े बदल-बदल कर
खुद को मुझ में निहारा करती थीं
तुम्हारी उलझनें जैसे
तुम्हारे बालों ने उधार ले रखी थीं
आधे से ज्यादा खूबसूरती तो
तुम्हारे बात-बात पर चिढ़ जाने में थी
और बाकी तुम्हारी मासूम नादानियों में...!

~

तुम तिरछी आंखों में
मंद मुस्कराती ही दमकती थीं,
अब क्या मुरझाइ मुरझाइ सी रहती हो
लड़ती क्यों नहीं हो, अपने लिए.
कई दफ़ा लोग दबा देते हैं
तुम्हारी बातों को,

~

तो उन के बीच
अपनी बातों को रखने में
कतराती क्यों हो,
क्यों सब की सुन कर रह जाती हो...!

~

सुनो...
तुम अब अच्छी नहीं लगती हो
ज़रा सी भी नहीं
सच कहूँ तो चुभती हो
इस मायूस चेहरे के साथ तुम मुझे
बहुत ज्यादा चुभती हो,
तुम्हारी सबसे बड़ी ताकत
तुम्हारा आत्मिवश्वास है,
तुम कोशिश तो कर सकती हो ना
मजबूत रहने की, सहनशील रहने की,
खुश रहने की...!

~

तुम्हारे चेहरे पर
एक विश्वासपूर्ण मुस्कराहट के
इन्तेज़ार में तुम्हारी राह तकता
"तुम्हारा आईना"

~

#Women's_Day

111. घमण्ड का चक्रव्यूह (Article)

घमण्ड की तुलना
हम बीमारी अथवा दीमक से कर सकते हैं,
जिस तरह बीमारी के रोगाणु दिनों-दिन शरीर को
क्षीण कर एक दिन समाप्त कर देते हैं,
घमण्ड भी उसी प्रकार व्यक्ति को ऐसे नशे में
मदहोश कर देता है तथा वह व्यक्ति को न केवल
सच्चाई से परे एक काल्पनिक दुनिया में ले जाता हैं
बल्कि जीवन के लिए समस्याएं उत्पन्न करने वाली
विकट स्थितियों को भी जन्म देता हैं.
घमण्ड प्रायः दो प्रकार का होता है,
"बौद्धिक रूप" में तथा "भावनात्मक रूप" में।
जब कोई व्यक्ति "बौद्धिक रूप" से किसी चीज के साथ
पहचान स्थापित करता है, तो वह अपने चारों ओर
मुश्किलों का भयंकर जाल महसूस करता है
और उसमें फंसा रहता है तथा यदि वह भावनाओं के
आधार पर पहचान स्थापित करता है तो उस की पहचान
एक मकसद तथा एक जुड़ाव का अनुभव कराती है। लेकिन
जैसे ही उस की "भावनात्मक पहचान" के साथ समस्या
आ जाती है उस के मन में विचित्र विचार आने लगते
हैं, उसे लगने लगता है कि अब दुनिया में कुछ नहीं बचा।

~

इसीलिए प्रत्येक व्यक्ति को
अपनी पहचान ढीली ही रखनी चाहिए।
जब हम किसी खास मकसद के लिए
कुछ कर रहे होते हैं,
तो हमें पहचान की जरूरत होती है।
हम उस के साथ इस कदर जुड़ जाते हैं
जैसे हमारा जीवन उसी पर निर्भर है,
लेकिन हमारे अंदर इतनी हिम्मत होनी चाहिए
कि हम परिस्थियों के अनुसार
इसे हटा कर एक तरफ रख सकें।

~

- अनुभव मिश्रा
दैनिक जागरण, संस्कारशाला

112. धैर्य की ताकत (Article)

'धैर्य की ताकत' जीवन की चुनौतियों का सामना करने की शक्ति है - अनुभव मिश्रा

पंजाब केसरी, समाचार पत्र
फर्रुखाबाद, उत्तर प्रदेश
दिनांक: दिसंबर 17, 2025

~

फर्रुखाबाद के होनहार युवा कवि अनुभव मिश्रा ने 'जीवन की चुनौतियां' और 'धैर्य की ताकत' की ताकत पर प्रकाश डालते हुए कहा कि नूतन वर्ष की शुरुआत बस चंद दिनों में होने को है और हम सभी इस नवीन वर्ष के प्रारंभ में अपने जीवन में नए संकल्प लेंगे, लेकिन क्या हमें पता है कि जीवन की चुनौतियों का सामना करने के लिए कौन सी शक्ति सब से अधिक आवश्यक है?
यह शक्ति है 'धैर्य की ताकत'।

~

~

धैर्य एक ऐसा भाव है जिस से विषम परिस्थितियां
भी मृदुल हो जाती है, पुरानी कहावत है
कि "धैर्य का फल मीठा होता है"।
इस कहावत की आवश्यकता जीवन में हमेशा रहती है,
क्योंकि परिस्थितयां चाहें जैसी भी हों सूझ-बूझ और
धैर्य से बुद्धि का उपयोग कर के
हर समस्या का हल निकाला जा सकता है।
'धैर्य की ताकत' सब से ज्यादा शक्तिशाली अस्त्र है,
जिसकी सहायता से बड़े-बड़े काम भी सरलतापूर्वक किए
जा सकते हैं। इस धैर्य नामक अस्त्र की सबसे ज्यादा
आवश्यकता आज की युवा पीढ़ी को है, जो धैर्य से
काम लेना जानते ही नहीं। हम देखते है कि हमारा
युवा वर्ग कितनी जल्दी हिम्मत हार जाता है, किसी को
पढ़ाई तो किसी को नौकरी की चिंता और इसके चलते
कई लोग तो आत्महत्या आदि जैसे नकारात्मक विचार
तक कर लेते हैं। हमारे युवा वर्ग एवं अन्य सभी
लोगों को चाहिए कि परिस्थिति चाहें कैसी भी हो, हमें
बस अपना कर्तव्य निभाते हुए धैर्य के साथ लक्ष्य पर
ध्यान लगाए रखना है। यह धैर्य की ताकत ही हमें जीवन
की चुनौतियों का सामना करने में एवं अपने लक्ष्यों
को प्राप्त करने में मदद करती है।

~

~

अनुभव मिश्रा ने इस विषय पर अपनी स्वरचित पंक्तियों के माध्यम से विचार व्यक्त कर कहा कि -

~

"कुछ लिखना और मिटाना
जीवन पथ पर बढ़ते जाना,
कुछ पाने की ख्वाहिश रखना,
खोने की गुंजाइश रखना,
आंधी में लौ डग-मग हो तो
तुम पत्थर पर फूल खिलाना,
कुछ लिखना और मिटाना।"

~

"सोचा है जो वो सब होगा
और सोच से भी बेहतर होगा,
तुम लक्ष्य पे अपने दृढ़ रहना,
आलोचक को मत कुछ कहना,
बस धैर्य का दामन थाम के
जीवन पथ पर बढ़ते जाना,
कुछ लिखना और मिटाना।"

~

यह कविता जीवन के संघर्षों, उतार-चढ़ावों, और लक्ष्यों को प्राप्त करने के लिए दृढ़ रहने की प्रेरणा देती है। हमें अपने जीवन में धैर्य रखना चाहिए जितना हम धैर्य रखेंगे उतना ही सफ़लता की ओर आगे बढ़ेंगे, अगर हम अपने जीवन में हर काम जल्दबाजी में करेंगे तो इस से हमें अपने लक्ष्यों को प्राप्त करने में कठिनाई ही होगी।

~

~

अनुभव मिश्रा ने धैर्य की ताकत को
अपनाने के लिए कुछ सुझाव दिए हैं जिन में
अपने लक्ष्यों को स्पष्ट रूप से परिभाषित करें,
एक योजना बनाएं, धैर्य से काम करें,
अपने प्रगति को ट्रैक करें, अपने आप पर विश्वास रखें,
अपने लक्ष्यों को प्राप्त करने के लिए आवश्यक
जोखिम उठाएं, अपने आप को सकारात्मक रखें,
अपने लक्ष्यों को प्राप्त करने के लिए आवश्यक संसाधनों
का उपयोग करें आदि इन सुझावों को अपना कर आप
'धैर्य की ताकत' को अपना सकते हैं और
अपने लक्ष्यों को शीघ्र प्राप्त कर सकते हैं।

~

साथ ही सफलता प्राप्ति के लिए
प्रमुख कारक के बारे में बताया
कि धैर्य, समय प्रबंधन, लक्ष्य निर्धारण,
आत्मविश्वास, और सीखने की इच्छा।
इन कारकों को अपनाकर हम अपने जीवन के
लक्ष्यों को शीघ्र ही प्राप्त कर सकते हैं।

~

कुछ पंक्तियाँ यूँ ही

अक्सर घर के किसी कोने में,
कुछ उलझे, कुछ अनकहे से
अल्फ़ाज़ लिखता हूँ।
कभी ठहरकर, गौर से पढ़ना उन्हें
मैं महज़ शब्द नहीं लिखता,
ज़ज़्बात लिखता हूँ।

जो शब्दों में बयां न हो सकें,
वो एहसास लिखता हूँ।
कोई पेशेवर लेखक नहीं हूँ मैं,
बस दिल की आवाज़ लिखता हूँ।

अपने मासूम से चेहरे पर सादगी का शृंगार करती है,
कातिलाना अदाओं से दिल मेरा जार जार करती है,
झुका लेती है वो नज़रें भरी महफिल मेरे आगे,
कि शायद वो भी मुझ से एकतरफ़ा प्यार करती है.

मुझे तो प्यारी लगती हैं तेरी शैतानियाँ,
वो मासूम सी हंसी और तेरी नादानियाँ,
कि मैं तो तेरी नादानियों पर भी जान लुटाता हूँ,
अकेले में बैठ, तुझे सोच, बड़ा मुस्कुराता हूँ.

दिल टूटने पर शराब पीने के साथ
शायरी सुनना भी शामिल है क्या,
अरे मैखाना तो हमने ढूँढ लिया है
जनाब यहाँ कोई ग़ालिब है क्या...?

तेरे ख्यालों में कुछ इस कदर डूबा
कि सोचते ही सोचते एक पहर निकल गया,
उतरना था मुझे पिछले स्टेशन पर ही तेरी
यादों के चलते मेरा शहर निकल गया.

सवाल इश्क़ है क्या,
ख्याल इश्क़ है क्या,
क्यूँ कोसते हो तुम इसे
बवाल इश्क़ है क्या....
तुम तो महज एकतरफा आशिक हो उस के
और वो न जाने कितनों से दिल लगा कर बैठे हैं,
उन की चाहत में मर मिटने का तुम को मलाल है क्या,
अजी जनाब इश्क़ सच में बवाल है क्या...?

चेहरे पर सादगी को सजाये तो बड़ा अच्छा लगता है,
वो जब हौले से मुस्कुराये तो बड़ा अच्छा लगता है,
यूँ तो मोहब्बत वो भी बेपनाह करता है मुझ से,
पर जब रूठ कर मुहँ फुलाये तो बड़ा अच्छा लगता है.

मशग़ूल हूँ मैं आज कल अपनी दुनिया में
तुम फिर मुझे आजमाने आए हो,
एक बार में दिल नहीं भरता क्या तुम्हारा
जो एक दफ़ा फिर मेरा आशियाँ जलाने आए हो.

उन का यूँ रूठना तो जायज है
आखिर हमने भी तो खता की थी,
कितना रखा था ख्याल उनका
कितनी वफा की थी.

आज कल अपनी ही धुन में मशगूल हो रहा हूँ,
ज़माने के लिए बे फिजूल हो रहा हूँ,
बैठ जाता हूँ लेकर उसकी यादों को अपने साथ,
लिखता हूँ उसे और मशहूर हो रहा हूँ.

नवाबों के उस शहर सी क्या नज़ाकत कहीं देखे हो आप,
नफ़ासत के शहर लखनऊ की बात ही कुछ और है जनाब.

शहर में बरसात आने बाली है,
यादों की बारात आने बाली है.
खुश हुआ ही था मैं देख दिन का उजाला,
कि फिर पता चला रात आने बाली है.

मैं एकतरफ़ा आशिक हूँ
इश्क़ में चाहत की फरमाइश नहीं करता,
मोहब्बत दिल से करता हूँ
सरेआम उसकी नुमाइश नहीं करता.

वो नज्में, वो गज़लें उसे सुनाते सरेआम थे,
वो दौर भी कुछ और था तब हम भी बदनाम थे.

तेरे बारे में क्या लिखें अब हम,
तू तो कुदरत के करिश्मे का
जीता-जागता कमाल है।
तुझे अल्फ़ाज़ों में बयां करना मुमकिन नहीं,
क्योंकि तू खुद खूबसूरती की मिसाल है।

ज़माने के राय मशवरों की जरूरत नहीं मुझे,
मैं अपनी जिद को हकीकत बनाने निकला हूँ.
भरनी हैं उड़ाने मुझे इनकी सोच से भी बेहद ऊंची,
मैं अपने हिस्से का आसमान खुद बनाने निकला हूँ.

घमंड नहीं है मुझमें,
न ही किसी बात का गुमान करता हूँ।
तारीफ़ करने वालों से ज़्यादा,
मेरी ख़ामियाँ बताने वालों का
मैं सम्मान करता हूँ।

किसी हुस्न वाली की तलब नहीं हमें
क्युकी मोहब्बत हमने अपने आप से की है,
वो शिद्दत वाली होती है ना जो हाँ वो
मोहब्बत हमने अपने माँ बाप से की है.

जो बन जाओ तुम एक किताब,
तुम्हारे इकलौते पाठक हम बनें।

मेरे ज़ेहन में उधेड़-बुन चलती है उन की,
मैं किताबों को अपना महबूब मानता हूँ।

क्या आँखें, क्या चेहरा, क्या ही कहें उसकी अदा को,
हमें तो उस शख़्स की प्यारी बातें भी पसंद हैं,
तारीफ़ क्या करें उसकी ख़ुशबू और ख़ूबसूरती की हम,
हमें तो साहब गुलाब के काँटे भी पसंद हैं।

रात को देर तक टहलना पसंद है इन्हें,
तेरी यादें हैं कि मुझे सोने भी नहीं देतीं।

नज़र-नज़र की बात है ये,
कभी मिली, कभी ना सही!

ये लहजा इश्क़ है, हिज्र है,
कि विसाल है – ख़ुदा जाने!!

किताब-ए-इश्क़ में कहीं भी,
लिखा नहीं मिला मुझे!

उसे जी भर देखना हराम है,
कि हलाल है – ख़ुदा जाने!!

जवाब नहीं है तेरा कोई,
तू ख़ुद एक सवाल है।

हाय मिज़ाज-ए-क़ातिलाना,
कसम से बवाल है।

डूब जाता हूँ तुझ में ही,
जब कभी निहारता हूँ।

काग़ज़ के दर्पण पर,
क़लम से तुम्हें उतारता हूँ।

वो लड़की उम्र भर,
माँ-बाप से वफ़ा करती रही।

ख़ुशियाँ दफ़नाती रही,
ख़्वाहिशें दफ़ा करती रही।।

चेहरे पर ज़ुल्फ़ों का आ जाना – क्या कहने,
अदाओं से हमको यूँ तड़पाना – क्या कहने।
वो चाँद से चेहरे पे खूबसूरत सा तिल,
और उनका हौले से मुस्कुराना – क्या कहने।

है सिलसिला इश्क़ का हमारे दरमियाँ,
कभी मुलाक़ात हो – तो कुछ बात बने।

मेरी घड़ी में फँसे तेरी चुन्नी का कोना,
गर तू मेरे साथ हो – तो कुछ बात बने।

तुम्हारी सोच से कहीं ज़्यादा घमासान होती है,
लड़कों की ज़िंदगी कहाँ इतनी आसान होती है।

तेरी तस्वीर से बातें,
जो करता एक मुद्दत से।

है चूमा तेरे माथे को –
यक़ीं उसको नहीं होता।

साल नया, है नया ज़माना,
पास मेरे एक ख़्वाब पुराना।

दुश्मन को दिलदार लिखूँगा,
हर नफ़रत को प्यार लिखूँगा।

हर बेदिल में चाह लिखूँगा,
हर मुश्किल को राह लिखूँगा।

धड़कन को मैं साज़ लिखूँगा,
अंत को अब आगाज़ लिखूँगा।

#NewYear

मौसम बदलेगा, ऋतु बदलेगी,
बाक़ी सारा ज़माना वैसा ही रहेगा।

बस दो अंक बदलेंगे अंतिम के,
बाक़ी अपना याराना वैसा ही रहेगा।

#NewYear

हराया नहीं जा सकता
उस पुरुष को,

जिसकी विषम परिस्थितियों में
थामने को हाथ,
मौजूद होता है
एक अटूट साथी।

मित्रता
उस व्यक्ति की,

जो देता है बढ़ावा
बुरे कर्मों में,

होती है समान
ज़हर के।

ज़रूरतों और चाहतों की
कशमकश के चलते,

दुनियादारी की उधेड़-बुन में
बिखर गया है आदमी।

है तुझसे मुकम्मल, तुझी से तबाही,
तेरा इश्क़ जैसे इबादत-ए-इलाही।

यूँ होना जुदा मेरा तुझसे कि जैसे,
बेगुनाह की सज़ा के हक़ में गवाही।

चुप रहने से मसला हल हो सकता है,
तो इश्क़ में ऐसी हार ज़रूरी होती है।

प्यार अगर करते हों दिल हद से ज़्यादा,
तो थोड़ी-सी तकरार ज़रूरी होती है।

आशिक़ गर हो लापरवाह,
तो ग़ुस्सा होना लाज़िम है।

थोड़ा-बहुत तो चलता है,
पर इतना होना ठीक नहीं।

मिलते गर बेटे भाग्य से,
तो सौभाग्य से मिलती बेटियाँ।

होता रौशन घर-बार,
जिस परिवार को मिलती बेटियाँ।

ख़फ़ा होकर के जान-ए-जाँ,
जो यूँ तुम मुस्कुराती हो,

तो नूरानी से चेहरे पर,
तबस्सुम खूब जंचता है।

उसकी याद में यूँ अक्सर खो जाते हैं,
ख़्वाबों ही ख़्वाबों में गुम हो जाते हैं।

रात तो सारी याद में उनकी कटती है,
इसीलिए हम दिन में ही सो जाते हैं।

#Humor

हिम्मत, हौसला और हथियार होती हैं,
माँ की दुआएँ बेहद असरदार होती हैं।

सुबह चाय का प्याला देखते ही
तुम्हारी याद आ जाना,

उफ़्फ़... ऐसा जायका तो
किताबों में भी नहीं मिलेगा।

किताब-ए-इश्क़ में कहीं भी,
लिखा नहीं मिला मुझे!

उसे जी भर देखना हराम है,
कि हलाल है – ख़ुदा जाने!!

क्या मुझे मिलने आओगी?
क्या मोहब्बत कर पाओगी?

व्हाट्सऐप के युग में तुम,
क्या मुझे ख़त लिख पाओगी?

मेरे दुश्मन की श्रेणी में
तेरा झुमका भी शामिल है,

तेरे गालों को मेरे बिन
कोई भी छू नहीं सकता।

पाने की चाह न रखते हुए
प्रेम देते रहना,

संसार की तमाम बेवकूफ़ियों में से एक है –
"ऐसी बेवकूफ़ी सिर्फ पागल ही कर सकते हैं।"

तेरे सुख़न से हर हर्फ़ पर,
हर बार तवज्जो मैं दूँगा।

जिस्मानी इश्क़ के दौर में,
उपहार दुपट्टा तुमको दूँगा।

खुश रहता हूँ मैं आज कल
कोई पूछता है कैसे हो...!?
बिल्कुल ठीक हूँ

उन्हें बता देता हूँ
उधेड़ बुन तो अब भी चलती हैं मेरे मन में
पर उलझनें अपनी अब खुद सुलझा लेता हूँ
और लोगों के बस की कहाँ है

मुझे समझना
इसलिए दिल मैं अपना

लोगो से हटा कर किताबों में लगा लेता हूँ.

सब कुछ चोरी हो सकता
रह जाते कुछ "गुण" शेष
जिस में पहला है 'चरित्र'
'संस्कार' हैं पृथक विशेष

आज गुस्सा हूँ उस से अपनी ही खता पर,
ख़फ़ा होने का मौका मुझे वो देती कहाँ है.

इश्क़, मोहब्बत का तो मुझ को पता नहीं
दीदार पर तेरे सब कुछ वार के बैठा हूँ

मैं काश कि तेरे चरणों की रज धूल बनूँ
इस जीत के पीछे सब कुछ हार के बैठा हूँ

~

#SHREE_KRISHNA

जब महबूब की तस्वीरों से दिल भर जाता है तो
अपने शब्दों से हम उस की सादगी को लिखते हैं

दुनिया की भीड़ में सबसे करीब जो है
मेरी माँ, मेरा खुदा, मेरी तकदीर वो है

इस तन्हा दिल को
अब और ज़्यादा परेशान न कर,

गर इश्क़ है तो ज़रा शिद्दत से कर,
अहसान न कर।

भीड़ में खुद को आजमाने का,
ये मौका है कुछ कर दिखाने का.

इम्तिहानों ने चुरा ली हैं नींदें मेरी,
मुझे उन से इश्क़ हो गया है शायद।

~

ख़यालों में भी बस उन्हीं का पहरा है,
डर भी आकर उन्हीं पर ठहरा है।

~

इश्क़ के लिए इतनी वजहें क्या काफ़ी नहीं,
मोहब्बत होने को अब कुछ भी बाकी नहीं।

मैं अकेला कहाँ, तेरी याद हर कहीं साथ आती है
पूरा दिन काटना पड़ता है तब जाके रात आती है
तुझे निहारे, नजर उतारे, दिल कहाँ अब भरता है
थक गई हूँ बहुत, तेरी तस्वीर से आवाज आती है

जैसे छोटे से घर को एक लंबा आंगन मिल जाता है
कोई सूखा सा पौधा हरा - भरा हो कर लहराता है
कुछ ऐसा ही सुख मैं भी तब महसूस यहाँ से करता हूँ
तस्वीर को तेरी देखके, मुझको आलिंगन मिल जाता है

दर्द कितने भी हों बस मुस्कुरायेंगे
सभी को अच्छा - भला ही कहेंगे
लिखेंगें फिर मिटा देंगें लिखते ही
तू मेरा है हम इस भ्रम में ही रहेंगें

न दर्द, न दुःख, न ही कोई फालतू का ख्याल देती हैं
मैं जब टूट जाता हूँ, तो किताबें मुझे सम्भाल लेती हैं

शबाब-ए-किताब की अलमारी हो क्या,
अजी मोहतरमा अभी तक कुँआरी हो क्या,
नजरें यूँ झुका के फिर उठाती हो जो ऐसे,
कि कत्ल-ए-आम करती हो शिकारी हो क्या.

अपने मासूम से चेहरे पर सादगी का शृंगार करती है,
कातिलाना अदाओं से दिल मेरा जार जार करती है,
झुका लेती है वो नज़रें भरी महफिल मेरे आगे,
कि शायद वो भी मुझ से एकतरफ़ा प्यार करती है.

न मन्दिर में मिले ईश्वर, गुफाओं में ना जाने से
न भूखे पेट रहने से, ना गंगा जी नहाने से
उसे पाना अगर सच में, हृदय में झांक कर देखो
मिलें रैदास, मीरा प्रेम की बगिया खिलाने से.

इज़हार-ए-इश्क़ का एक जरिया हो जाऊँ,
मोहब्बत के गीतों का दरिया हो जाऊँ,
राधा बन कर चली आओ ग़र तुम ब्रज में,
तो मैं भी गोकुल का सांवरिया हो जाऊँ.

POV – SHE:

भरे बाज़ार मेरा हाथ पकड़,
मेरे साथ चल पाओगे क्या?
अरे बोलो भी अब,
उम्र भर मेरा साथ निभाओगे क्या?

~

LE – HE:

यूँ तो हालात थोड़े गंभीर हैं मेरे,
पर फिर भी तुझसे
कंधे से कंधा मिलाकर चलता जाऊँगा।

वादा है मेरा – परिस्थितियाँ चाहें जैसी भी हों,
मोहब्बत करता हूँ तुझसे,
इसलिए साथ भी उम्र भर निभाऊँगा।

बिना मेरे यार के मुझ को गँवारा रब नहीं होता,
वो मेरे साथ ना होता तो मैं ये सब नहीं होता,
कभी यूँ टूट करके मैं जो टुकड़ों में बिखर जाऊँ,
ना मेरा हाथ थामे वो कि ऐसा कब नहीं होता.

जब बोलने पर
लग जाते हैं प्रतिबंध
लाख कोशिशो के बावजूद
नजर भी फुसफुसाकर
रह जाती है
तब बोल पड़ती हैं
उँगलियाँ...♥

किसी पुस्तक के बिखरे पन्ने सी मेरी हालत होती
ग़र प्रेम-ग्रंथ में अपने मुझ को ना तुम ऐसे संजोते

इससे बुरी क्या हालत होगी अब मेरी,
जल्दी सोना लगता अब दुश्वार नहीं.
कितने जान लुटाते फिरते हैं जिस पर,
क़ल्ब मेरा अब उसका उम्मीदवार नहीं.

~

(क़ल्ब - दिल)

हूँ इन्तेज़ार में कब से शब गुजर क्यूँ नहीं जाती,
आंख नम तो होती है पर ये रो क्यूँ नहीं पाती,
मैं अकेला, भटकता, सहारे को सबके दर-ब-दर,
ज़ालिम मौत तो दूर हमें तो नींद भी नहीं आती.

चरागों से दूर किसी वीराने में जा रहा हूँ
थका हुआ हूँ मैं आशियाने में जा रहा हूँ
बिछड़ कर के मुझसे कहाँ गया ना जाने
सुकूं से मिलने बीते ज़माने में जा रहा हूँ

जब तस्वीर से तेरी मेरा दिल नहीं भरता,
तो शब्दों से कर लेता हूँ कलाकृति तेरी.

मुझे कुछ लिखना है,
या बस यूँ ही क़लम उठाई है।

ये शेर-ओ-शायरी तो बस बहाना है,
सच बताऊँ – तो यार, याद तुम्हारी आई है।

मैं एकतरफ़ा आशिक हूँ
इश्क़ में चाहत की फरमाइश नहीं करता,
मोहब्बत दिल से करता हूँ
सरेआम उसकी नुमाइश नहीं करता.

नजरें फिर मिलाई थी उसने आज हमसे,
साज़िश-ए-कत्ल मेरी वो करके आई थी.

कभी मनाती है मुझको, कभी जान-बूझकर ख़फ़ा करती है,
वो अपना दर्द भूलकर मेरे ज़ख्मों की दवा करती है।

भला ऐसी मोहब्बत भी करता है क्या कोई किसी से,
अब क्या बताऊँ मैं – कि वो लड़की मेरे लिए क्या-क्या करती है।

अंत-सामग्री

जब शब्द अपनी यात्रा पूरी कर लेते हैं, तो वे मौन में विलीन नहीं होते—वे पाठकों के हृदय में नया जीवन पा लेते हैं। जज़्बात अल्फ़ाज़ों में की यह अंतिम प्रस्तुति उसी विश्वास के साथ आपके समक्ष है कि यहाँ लिखे गए भाव कहीं न कहीं आपके अपने अनुभवों से भी संवाद स्थापित करेंगे।

~

यह पुस्तक किसी निष्कर्ष पर पहुँचने के लिए नहीं, बल्कि एक आत्मीय संवाद के लिए लिखी गई है। प्रेम की कोमलता, रिश्तों की ऊष्मा, परिवार का स्नेह, जीवन के संघर्ष, प्रेरणा की ज्योति और भक्ति की शांति—इन सभी को शब्दों में ढालने का एक सरल प्रयास इस कृति के माध्यम से किया गया है। अनेक रचनाएँ कल्पना की उड़ान हैं; वे किसी वास्तविक घटना या व्यक्ति से संबद्ध नहीं, बल्कि मन की संवेदनाओं की अभिव्यक्ति मात्र हैं।

~

लेखन लेखक के लिए साधना भी है और संबल भी। यह उनके लिए एक ऐसे सच्चे मित्र की तरह है, जो हर परिस्थिति में साथ रहता है। यदि इन शब्दों में आपको अपनी मुस्कान, अपनी पीड़ा, अपना साहस या अपनी आशा की झलक मिली हो, तो यही इस पुस्तक की सार्थकता है।

~

पाठकों से निवेदन है कि इन रचनाओं को मनोरंजन और भावनात्मक अनुभूति के रूप में ही ग्रहण करें। यहाँ साहित्यिक नियमों से अधिक हृदय की सच्चाई को महत्व दिया गया है।

~

अंततः, लेखक अपने परिवार, मित्रों और सभी सहयोगियों के प्रति हृदय से कृतज्ञता प्रकट करते हैं। और आप–प्रिय पाठक–आपका विशेष आभार, जिन्होंने इन जज़्बातों को अपने समय और संवेदना का स्थान दिया।

~

यदि इन पन्नों ने आपके मन को क्षण भर भी स्पर्श किया हो, तो यही इस प्रयास की सबसे बड़ी उपलब्धि है।

आपका स्नेह ही इन अल्फ़ाज़ों की असली पहचान है।

~

- अनुभव मिश्रा

अपनी प्रतिक्रिया प्रेषित करें

प्रिय पाठकगण,

जज़्बात अल्फ़ाज़ों में के प्रति आपके विचार, सुझाव और स्नेह लेखक के लिए अत्यंत अमूल्य हैं। आप अपनी प्रतिक्रिया निम्न माध्यमों से प्रेषित कर सकते हैं–

~

ईमेल :
Anubhavmishra432@gmail.com

.

इंस्टाग्राम :
@Anubhavmishra432 / @Heartly_imaginations

.

X (ट्विटर) :
@Anubhavmishra41

~

साथ ही, आप से विनम्र अनुरोध है कि जिस भी ऑनलाइन प्लेटफ़ॉर्म से आपने यह पुस्तक क्रय की हो, वहाँ अपनी प्रतिक्रिया रिव्यू के रूप में अवश्य साझा करें। आपका एक छोटा-सा शब्द भी लेखक के लिए प्रेरणा का स्रोत बन सकता है और अन्य पाठकों के लिए मार्गदर्शन।

आपका स्नेह और सहयोग ही इस साहित्यिक यात्रा की सबसे बड़ी शक्ति है।

~

सादर धन्यवाद।

अंत-सामग्री

www.ingramcontent.com/pod-product-compliance
Lightning Source LLC
LaVergne TN
LVHW040608061026
849523LV00001B/116
* 9 7 8 1 6 4 8 2 8 1 1 9 8 *